열홀 동안 배우는
주기도문 학교

믿음이란
한 알의 밀알이 땅에 떨어져 죽음으로 많은 열매를 맺음과 같이
진리의 열매를 위하여 스스로 죽는 것을 뜻합니다.
눈으로 볼 수는 없으나 영원히 살아 있는 진리와
목숨을 맞바꾸는 자들을 우리는 믿는 이라고 부릅니다.
「믿음의 글들」은 평생, 혹은 가장 귀한 순간에
진리를 위하여 죽거나 죽기를 결단하는
참 믿는 이들의, 참 믿는 이들을 위한, 참 믿음의 글들입니다.

주기도문 학교

임영수 지음

그러므로 너희는 이렇게 기도하라.

하늘에 계신 우리 아버지여

이름이 거룩히 여김을 받으시오며

나라이 임하옵시며

뜻이 하늘에서 이룬 것같이 땅에서도 이루어지이다.

오늘날 우리에게 일용할 양식을 주옵시고

우리가 우리에게 죄 지은 자를 사하여 준 것같이

우리 죄를 사하여 주옵시고

우리를 시험에 들게 하지 마옵시고

다만 악에서 구하옵소서.

(나라와 권세와 영광이 아버지께 영원히 있사옵나이다. 아멘.)

마태복음 6:9-13

차례

머리말

머리말

　주기도는 아무리 반복해서 드려도 그 뜻의 다함이 없는 기도입니다. 몇 해 전, 전에 섬기던 교회에서 주기도문을 가지고 몇 회에 걸쳐 주일 설교를 한 적이 있습니다. 그런데 올해 들어 주기도문의 내용을 다시 한 번 설교하고 싶은 강한 열망이 있었습니다. 그래서 현재 제가 섬기고 있는 주님의교회 주일 강단에서 여러 차례에 걸쳐 설교를 했고, 그 내용을 책으로 엮게 되었습니다.

　이 주기도는 지난 번 것의 보충이 아닙니다. 그 동안 제 '되어 감'의 과정 가운데 한 시점에서 다시 이해한 것입니다. 아마도 몇 년 후에는 또 새로운 주기도문 설교가 가능할 수 있을지도 모르겠습니다. 그러나 지금으로서는 이것이 저의 최선의 것입니다.

　지난 번 주기도 설교는 홍성사에서 나온 〈이 때를 위함이 아닌지〉에 포함되어 있었습니다. 이번에 새로운 주기도 설교 또한 단행본으로 출간해 주신 홍성사 믿음의 가족들에게 진심으로 감사드

립니다. 이 책을 통해 독자 여러분이 하나님께 좀더 가까이 다가
가는 계기를 얻는다면 저로서는 큰 기쁨이 아닐 수 없겠습니다.
　다시 한 번 홍성사 믿음의 가족들에게 감사를 드립니다. 그리고
독자 여러분께 하나님의 은혜와 평강이 항상 함께하시기를 기원합
니다.

1999년 8월

주기도문 학교에 들어가기 전에

기도는 기독교의 전유물이 아닙니다. 모든 종교는 그 나름대로 다 기도를 가지고 있습니다. 그러나 기독교에서 말하는 기도와 다른 종교에서 의미하는 기도는 그 동기면에서 근본적으로 다릅니다.

일반 종교에서 기도의 동기는 주로 인간의 욕구, 두려움, 공포에서 비롯합니다. 그러나 기독교 신앙에서 기도의 동기는 인간에게 있지 않고 하나님께 있습니다. 이 말은 기도를 시작하는 동기가 하나님을 아는 데서부터 시작된다는 것입니다. 물론 이 때 우리가 처해 있는 삶의 상황도 무시될 수 없습니다.

집을 나간 둘째 아들의 비유를 생각해 봅시다. 둘째 아들은 자신의 처참한 삶의 상황을 인식함과 동시에 집을 나올 당시에 문 앞에 나와 있던 아버지의 모습을 연상하게 됩니다. 이러한 장면은 어디까지나 저의 상상입니다. 둘째 아들은 그러한 비참한 상황에서 새로운 희망을 갖게 됩니다. 그 희망은 자기 자신에게 근거한 것이 아니고 어디까지나 그를 기다리고 있는 아버지께로 말미암은 것입니다. 드디어 그는 집으로 돌아가 아버지 품에 안기게 되고, 아버지와 함께하는 새로운 삶이 시작됩니다.

기독교 신앙에서 기도는 아무 뜻도 모르는 주문을 외우는 것이 아니며, 종교의식에 포함된 의식으로서의 기도가 아닙니다. 기독교 신앙에서 기도는 하나님 아버지께 자기 내면의 깊은 생각들을 쏟아 놓는 것입니다. 기독교 신앙에서 기도는 하나님과 화해한 삶에서 이루어지는 대화입니다. 묵상이 말이 없는 대화라면 기도는 말이 있는 대화입니다.

교회에 출석하는 교인들이 일반적으로 느끼는 고충이 바로 기도에 관한 문제입니다. '기도를 어떻게 해야 하느냐' 하는 문제는 언제나 풀리지 않는 숙제로 남아 있습니다.

일반적으로 사람은 누구나 자신이 부딪친 절실한 삶의 문제 때문에 기도의 문을 두드립니다. 그러므로 그 절박한 삶의 문제를 하나님께 아뢰는 것으로부터 기도를 시작하면 됩니다. 그렇게 할 때 기도의 내용은 매우 서술적이 되는 동시에 단순해질 수 있습니다. 그러한 기도에서부터 하나님과의 사귐이 시작됩니다.

하나님과의 대화인 기도에는 자연히 전도(reverse), 긴장(tension), 모순(contradiction), 반론(counterargument)이 포함됩니다. 기도에 이러한 이의와 의문이 수반되는 것은, 하나님과 교제 관계인 '나와 당신'의 관계에 쌍방의 뜻과 의도가 개재되기 때문입니다.

하나님은 우리를 생각 없이 맹종하는 로봇이 아닌, 약속의 대상으로 대하십니다. 그러므로 우리가 아무런 뜻도 모른 채 중언부언하지 않고, 자신이 기도하는 바가 무엇인지 분명히 알기를 원하십니다.

예수 그리스도는 기도의 모범이십니다. 예수 그리스도는 우리의 기도가 가능하게 해 주셨으며, 기도의 본을 보여 주셨습니다. 예수님의 생애에서 '때때로 한적한 곳을 찾아가셔서 밤이 맞도록 기도하곤 하셨다' 는 복음서 기자들의 기록은, 신앙생활에서 기도가 얼마나 중요한지 생각하게 합니다.

주기도는 예수께서 제자들에게 가르쳐 주신 기도입니다. 이 주기도는 성서에 나오는 모든 기도 중의 기도입니다. 처음 기도하는 사람에게 이 기도는 그렇게 중요하게 생각되지 않을지도 모릅니다. 그러나 이 기도는 하면 할수록 그 뜻이 더 깊고 심오합니다. 주기도의 내용은 우리가 하나님과 함께 살아가면서 무엇을 소망하며, 무엇을 삶의 목적으로 삼고 살아가야 할 것인가에 대해 말

1. 기독교의 기도와 다른 종교의 기도의 근본적인 차이는 무엇입니까?

2. 기독교 신앙에서 기도는 '주문'이나 '종교의식'이 아닙니다. 그렇다면 기도는 무엇이며, 어떻게 시작할 수 있습니까?

해 주고 있습니다.

주기도는 하나님과 관련된 것과 인간과 관련된 것의 두 부분으로 크게 나뉘고, 세부적으로는 아홉 부분으로 구분됩니다.

I. 하나님과 관련된 것

　1. 하나님 아버지에 관하여

　2. 그의 이름에 관하여

　3. 그의 나라에 관하여

　4. 그의 뜻에 관하여

II. 인간과 관련된 것

　5. 일용할 양식에 관하여

　6. 죄에 관하여

　7. 시험에 관하여

　8. 유혹에 관하여

　9. 다시 그의 나라와 권세와 영광에 관하여

흔히 교회에서 어떤 행사를 마칠 때나 기도회 끝에 끝마무리 기도로 주기도를 사용하는 경우가 많습니다. 그러나 주기도는 그렇게 의미 없이 사용될 기도가 아닙니다. 오히려 어떤 모임이나, 개인적인 기도 시간에 주기도 자체를 그 내용으로 삼아야 할 정도로 매우 중요한 기도입니다.

주기도의 내용은 하나님을 아버지로 부르는 데서부터 시작됩니

다. 그 아버지는 우리와 인격적 교제를 갖기
원하시는 분입니다. 그분은 우리와 대화하
기 원하시며 그의 창조 사역을 우리와 함께
해 가기 원하시는 분입니다. 그러므로 주기
도에 나오는 "하늘에 계신 우리 아버지"라는
호칭은 이미 기도하는 그 사람이 하나님과
교제 가운데 있다는 전제가 됩니다.

주기도의 첫번째 부분에서는 하나님의 목
적이 우선입니다. 그러므로 하나님과의 교제
가운데서 우리는 끊임없이 그의 이름이 거
룩히 여김을 받도록 기도해야 합니다. 그리
고 그의 이름이 거룩히 여김을 받음과 함께
그의 나라가 임하도록 기도하여야 하며, 그
의 나라와 함께 그의 뜻이 이루어지도록 더
욱 간절히 기도해야 합니다.

그러나 주기도의 두번째 부분에서는 우리
의 목적이 우선이 됩니다. 일용할 양식은 그
목적과 관련된 부분입니다. 우리는 그날 그
날의 양식을 위해 하나님께 기도해야 합니
다. 그 날의 양식은 우리 삶에 필요한 전부
입니다. 그런데 그 전부는 하나님의 나라나
그의 뜻과 관련됨이 없이는 불가능한 것입
니다. 그의 나라와 그의 뜻이 이루어지는 곳

3. 당신은 주기도문으로 기도합니
까? 그렇다면 주로 어느 때에
사용합니까?

4. '주기도문 학교'를 통해 무엇
을 배우고 싶습니까?

에 우리가 구하는 양식도 있습니다.

또 일용할 양식은 우리의 일상 생활과 밀접한 관련이 있습니다. 그리고 우리의 일상 생활은 우리 삶의 현실과 밀접한 관련이 있습니다. 우리의 삶의 현실은 곧 현실 사회입니다. 이 현실 사회에 몸 담고 살 때 죄와 시험, 악의 문제는 언제나 현실적 문제로 대두됩니다. 그러므로 우리는 이 문제를 가지고 하나님께 기도하지 않을 수 없습니다.

끝으로 우리가 사용하는 주기도에는 번역상 바로잡아야 할 곳이 몇 군데 있습니다. 장로회신학대학에서 신약학 교수로 계시다가 은퇴하신 나채운 교수님의 주기도 사역(私譯)을 소개해 드리겠습니다.

하늘에 계신 우리 아버지,
아버지의 이름이 거룩하여지게 하시며,
아버지의 나라가 오게 하시며,
아버지의 뜻이 하늘에서와 같이
땅에서도 이루어지게 하소서.
오늘 우리에게 일용할 양식을 주시고,
우리에게 잘못한 이를 우리가 용서하였사오니
우리 죄를 사하여 주시고
우리를 유혹에 빠지지 않게 하시고
악에서도 건져 주소서.
나라와 권능과 영광이
영원히 아버지의 것이옵니다. 아멘.

배움의 문에 들어서는 기도

지금까지 주기도문에 관한 나의 태도를 하나님께 고백하고,

〈주기도문 학교〉를 통해 진정한 기도를 가르쳐 달라고

기도합시다.

하늘에 계신 우리 아버지여

제 친구 목사 한 분이 시골 개척 교회에서 목회할 때의 이야기입니다. 그 지역에 시어머니를 모시고 사는, 결혼한 지 얼마 안 되는 자부(子婦)가 있었습니다. 남편은 중동 지역에 취업차 나가 있었습니다.

이 자부에게는 늘 귀에 톱 켜는 소리가 들리는 어떤 정신적인 문제가 있었습니다. 하루는 자부와 시어머니가 친구 목사를 찾아와 상담을 했습니다. 목사는 그들의 사정 이야기를 다 듣고 난 후에 몇 가지 필요한 권면의 말과 함께 그 다음 주일부터 교회에 출석할 것을 권유했습니다.

두 사람은 그 다음 주일부터 교회에 출석하였고, 그러면서 자부의 병도 나았습니다. 얼마 후에 그들의 요청으로 친구 목사가 그 댁에 심방을 갔는데 그 집 마당 한 구석에 조그마한 제단이 만들어져 있었습니다. 그 집 자부의 말인즉, 새벽이면 그 곳에서 시어머니가 그릇에 맑은 물을 떠 놓고 아들이 있는 곳을 향해 정성껏 기도를 드린다는 것이었습니다.

목사는 그 시어머니가 이해할 수 있는 데까지 하나님에 관해 설명하면서, 하나님께서는 물 떠 놓고 비는 것을 싫어하시고 새벽마다 교회에 나와 기도하는 것을 기뻐하시는 분이라고 말해 주었습니다.

얼마 후 친구 목사는 자부에게서 다시 심방 요청을 받았습니다. 그가 날을 잡아 심방을 했더니, 사연인즉 마당에 있는 제단을 부수고 싶은데 시어머니 당신의 손으로는 두려워서 못 부수겠으니 목사님이 대신 부수어 달라는 것이었습니다. 목사는 기꺼이 응낙하고 곡괭이로 그 제단을 모두 헐어 버렸습니다. 그 후에도 그 두 식구는 열심히 교회에 출석한다는 말을 들었습니다.

친구 목사는 시어머니에게 하나님이 어떤 분이신지를 알려 주었고, 시어머니와 자부는 그 목사님을 통해 자신들이 참으로 섬기고 기도드려야 할 신이 누구인가를 비로소 알게 되었습니다. 그 전까지 두 사람에게 하나님은 숨겨져 있는 분이었습니다. 그런데 목사님으로부터 예수 그리스도를 통해 나타내 보이신 하나님을 만나게 된 것입니다.

모든 사람에게 하나님은 숨겨진 분입니다. 그래서 사람들은 그들이 섬겨야 할 참신이 누구인지를 몰라 산이나 바다를 향해 절을 하기도 하고, 사람이나 동물의 상(象)을 만들어 놓고 복을 내려 달라고 빕니다.

옛날 그리스 사람들은 신들과 관련된 많은 신화를 가지고 있었습니다. 그런데 그리스 신화에 나오는 신들은 우리 인간이 사랑과 신뢰 가운데서 예배할 수 있는 신이 아니라, 단지 인간이 만들어 낸 신화의 세계에 등장하는 신들에 지나지 않았습니다.

그러나 이스라엘 백성은 그들의 역사에서 자신을 나타내 보이신 하나님을 일찍이 알게 되었고, 그분을 예배하고 신뢰하게 되었습니다. 특별히 이스라엘의 구속 역사 과정에서 하나님은, 자신을 구원의 능력으로 그들을 구속하시는 아버지로 알려 주셨습니다. 그리고 예수 그리스도를 통해 좀더 구체적으로 자신이 아버지이심을 드러내셨습니다.

주기도는 예수께서 제자들에게 가르쳐 주신 기도입니다. 누가복음 11장 1절부터 4절을 보면 제자들이 먼저 예수께 와서, 세례자 요한이 그의 제자들에게 기도를 가르쳐 준 것과 같이 자기들에게도 기도를 가르쳐 달라고 요청한 것으로 나타나 있습니다. 그러

1. 당신은 하나님을 언제, 어떤 계기로 알게 되었습니까?

2. 당신이 지금 이해하고 있는 하나님은 어떤 분입니까? 구체적으로 써 봅시다.

나 마태복음 6장을 보면 그 내용이 생략되어 있으며, 인간을 찾아오신 하나님께서 어떻게 기도하는 자의 기도를 기뻐하시는 분인가를 말씀하고 있습니다. 즉 하나님은 이방인들처럼 알지도 못하는 내용의 주문을 반복해서 여러 번 외우는 것을 기뻐하시는 하나님이 아니라, 인격적인 교제를 원하시는 아버지라는 것입니다.

예수께서 하나님을 '아버지', 즉 '아바'(Abba)로 말씀하신 데는 깊은 뜻이 있습니다. 독일의 신학자 요하킴 예레미아스는 예수께서 말씀하신 '아바'라는 말의 어원을 연구해서 발표했습니다. 그는 자신의 연구를 통해, 이 아람어가 아랍 사람들의 가정에서 어린아이들이 아버지를 부를 때 사용하는 호칭이라는 사실을 밝혀 냈습니다.

가정에서 어린아이들에게 가장 친밀하면서도 사랑과 신뢰의 대상이 되는 사람이 '아바'입니다. 예수께서 말씀하신 하나님은, 프로이드가 말한 것처럼 인간이 어린 시절 갖고 있던 아버지상의 투영이 아니라, 가정에서 어린아이들이 깊이 신뢰하는 아버지 같은 분이십니다.

예수님은 '잃은 아들을 되찾은 아버지의 비유'(눅 15:11-32)에서 그 아버지에 대해 좀더 구체적으로 말씀해 주십니다. 여기에 묘사된 아버지는 철학적 개념으로 설정된 관념상의 신이 아닙니다. 이 비유에 묘사된 아버지는 다음과 같은 분입니다.

• 우리가 그분과 거리를 두고 그분 아닌 다른 것에 몰두하는 것을 가슴아파하시는 분

- 우리가 그분에게 가까이 나아가지 않는 것을 슬퍼하시는 분
- 우리가 그분을 잊어버리고 무조건 많고 큰 것만을 요구하는 것을 슬퍼하시는 분
- 우리와 함께 계시면서 우리와 교제하며 함께 모험하기를 원하시는 분
- 우리를 집으로 돌아오라고 초대하고 계시는 분
- 우리의 본향이자 창조적인 목적지에 계신 분
- 우리를 맞아들이기 위해 마음 문을 활짝 열어 놓고 기다리시는 분

비유에 묘사되어 있는 이분을 '아버지'로 부를 때, 우리는 그분과 특별한 교제 가운데 머물러 있게 됩니다. 그러한 교제 안에는 하나님을 아버지로 섬기는 형제 자매들도 포함되어 있기 때문에, 하나님은 나의 아버지인 동시에 교제 가운데 있는 형제 자매들의 아버지이십니다. 그래서 '우리' 아버지라 부르게 됩니다. 나만이 독점할 수 있는 아버지가 아닌 그리스도 안에서 형제 자매 된 '우

3. 누가복음 15장 11절에서 32절을 찾아서 읽고, 그 본문에 묘사된 아버지가 어떤 분인지 자신의 말로 정리해 봅시다.

4. 예수께서 주기도에서 알려 주신 하나님은 '집을 나간 아들이 돌아오기를 기다리는 아버지' 같은 분입니다. 당신은 요즘 그 아버지와 교제하고 있습니까?

리’ 아버지이신 것입니다.

그분 아버지는 예수 그리스도를 통해 자신이 어떤 분인지 나타내 보이셨습니다. 또한 그 아버지는 예수 그리스도의 십자가를 통해 당신과 교제할 수 있는 길을 마련해 주셨습니다. 그뿐 아니라 예수 그리스도의 부활을 통해 아버지와 함께하는 새로운 피조물로서의 삶이 어떤 것인지를 보여 주셨습니다.

이 아버지는 어느 한 종족에 귀속되거나, 어느 한 지역에 국한된 분이 아닙니다. 그분은 언제나 시간과 공간을 초월해서 존재하시는 분이기 때문에 ‘하늘에 계신’ 분으로 묘사되어 있습니다. 여기서 ‘하늘’은 공간 개념이 아닙니다. 그러므로 ‘하늘에 계신’ 아버지는 이 땅에 사는 인간의 아버지와는 엄연히 다른 분이라는 말입니다.

하나님은 우리의 아버지이시기 때문에, 우리가 그분과의 교제 가운데서 대화할 때 추상적이며 피상적인 말을 하기보다는 있는 모습 그대로 나오기를 원하십니다. 이 하나님 아버지는 우리를 이해해 주시고 받아 주시는 분입니다. 그분 없이 살던 모습 그대로 나아가도 우리를 끌어안으시는 분입니다.

예수께서는 그분 아버지는 외식하는 것을 싫어하신다고 하셨습니다. 그러므로 중언부언하지 말라고 하셨습니다. 그분은 우리가 구하기 전에 우리의 필요를 다 알고 계신다고 하셨습니다. 우리의 필요를 다 알고 계신 분에게 우리가 할 수 있는 최선의 것은 우리를 있는 그대로 내놓는 것입니다. 하나님은 그러한 아버지이시기 때문에 우리는 어린아이와 같은 단순한 마음으로, 그분에 대한 깊

은 신뢰 가운데서 '아버지'라 부르며, 우리
의 사정을 솔직히 아뢰게 됩니다.

　아버지로부터 재산을 분배받은 후 아버지
집을 멀리 떠나 재산을 다 탕진해 버린 작은
아들은 깊은 절망과 좌절 가운데서 자신에
게 남아 있는 마지막 희망을 발견했습니다.
그것은 아버지께서 자기를 아직 기다리고
계신다는 사실이었습니다. 그는 아버지께
돌아가면 자신을 받아 주실 것을 알고 있었
습니다. 그래서 그 모습 그대로 아버지께로
가서 그 품에 안겼습니다.

　오늘 이 시대를 살아가는 우리의 모습 역
시 그 작은아들과 같습니다. 우리는 아버지
께로부터 위탁받은 값진 것들을 모두 탕진
하고 못쓰게 만들었습니다. 우리 스스로 생
명의 질서를 파괴한 것입니다. 결국 우리는
희망이라고는 하나도 찾아볼 수 없을 정도
로 모든 것을 오염시켜 버렸습니다.

　이러한 상황 가운데서 우리가 살아갈 이
유와 삶의 목적이 무엇인지 묻지 않을 수 없
으며, 우리가 아직 기대할 수 있는 어떤 희
망이 남아 있는지 묻지 않을 수 없습니다.

5. '하늘에 계신 우리 아버지'라
　는 호칭이 담고 있는 뜻을 정
　리해 봅시다.

6. 갈수록 오염되고 파괴되어가는
　이 세상을 포기하지 않고 살아
　야 할 이유는 무엇입니까? 우
　리가 하나님의 창조 사역에 어
　떻게 참여할 수 있습니까?

이러한 물음에 대해 성서가 말씀해 주는 답변은 '아버지께서 아직 우리를 기다리고 계신다' 는 것입니다. 아버지께서 아직 우리를 기다리고 계신다는 그 사실이 우리가 살아야 할 이유이고, 서로 사랑해야 할 이유이며, 이 세상을 포기하지 않고 하나님의 창조 사역에 참여해 가야 할 이유입니다.

하나님의 창조 행위 가운데 있는 교회 공동체는 이 하나님 아버지와 교제하면서, 그분의 이름을 거룩하게 드러내며, 그분의 나라와 뜻이 하늘에서와 같이 이 땅 위에서도 이루어지도록 그의 부르심에 응답해 가야 합니다. 오직 그 날 필요한 일용할 양식을 구하며, 하나님의 용서를 구하며, 이 세상에서 시험에 빠지지 않도록 하나님의 도우심을 구해야 합니다.

하나님 아버지에 관한 기도

전능하신 하나님 아버지,

저의 초라함, 이중성, 부도덕, 나약함을

모두 알고 계시는 아버지,

그러나 저를 받아 주시고 용납해 주시고 치유해 주시고

하나님의 창조 사역에 동참케 해 주심을 감사드립니다.

제가 남은 생애 동안

하나님을 '하늘에 계신 우리 아버지' 로

일평생 모시게 해 주시옵소서.

'하늘에 계신 우리 아버지' 라고 부를 때,

저와 다른 성도들이 어떤 관계성 속에 들어가 있는지를

성령을 통해 가르쳐 주시옵소서.
이 '주기도문 학교'에서
진정 기도하는 삶이 무엇인가를
진지하게 배워 가게 해 주시옵소서.
예수 그리스도의 이름으로 기도합니다. 아멘.

이름이 거룩히 여김을 받으시오며

오늘 공부할 내용은 주기도문 두번째 구절인 "이름이 거룩히 여김을 받으시오며"입니다. 이 구절은 기원문입니다. 문장 형식에서 기원문은 갈망하는 바가 성취되기를 바라는 의미를 지닌 문장 형식입니다.

우리는 첫 시간에 우리가 하나님을 '아버지'라고 부를 때, 그것은 이미 그분과 교제 가운데 있는 상태를 의미한다고 배웠습니다. 그런데 세속적인 관점에서 생각해 볼 때 "이름이 거룩히 여김을 받으시오며"는, 마치 하나님이 자신의 이름이 찍혀 있는 상품을 많이 만들어 놓고 자신을 아버지로 부르는 사람들을 시켜 널리 보급하기 원하는 것 같은 인상을 줍니다.

그러한 생각을 가능케 하는 것은 이 문장 형식이 기원문이기 때문입니다. 그래서 우리는 이 구절을 보고, 하나님은 무엇인가 결핍된 존재로서 그 결핍을 채워 가기 위해 우리를 필요로 하시는 분으로 잘못 생각할 수 있습니다.

그러나 그러한 생각은 이 기원문의 뜻이 무엇인지를 바르게 이해하면 다 없어지게 됩니다. 하나님께는 '결핍'이나 '필요'라는 말이 해당되지 않습니다. 하나님께서는 무엇이 결핍되어 인간의 도움이 필요한 분도 아니고, 그러한 것과 관련해서 인간에게 무엇을 요구하시는 분도 아닙니다. 하나님께서 인간과 교제를 원하는 것은 그분에게 결핍된 것이 있기 때문이 아닙니다. 그분의 사랑 때문입니다.

시편 기자는 일찍이 하나님에 대해서 이렇게 말했습니다.

"여호와 우리 주여, 주의 이름이 온 땅에 어찌 그리 아름다운지요! 주의 영광을 하늘 위에 두셨나이다"(시 8:1).

하나님은 그 누구의 도움 없이도 스스로 온 세상에 위엄이 넘치도록 그 이름을 나타내셨습니다. 이 세상에 있는 모든 피조물에 그의 이름이 상표처럼 찍혀 있는 것이 아니라, 이 세상의 창조물들 그 자체가 하나님의 존귀하신 이름을 나타내고 있는 것입니다. 그러므로 주기도문의 두번째 내용은 하나님의 결핍이나 필요와 관련된 것이 아니고 우리 인간의 결핍과 관련된 것입니다.

하나님의 형상대로 지음받은 우리 인간은 스스로 존재해 가기에는 너무나 결핍된 존재로서, 인간과 인간, 인간과 자연, 인간과 문화의 관계 가운데서 살 수밖에 없는 상호의존적 존재로 창조되었습니다. 그러나 이렇게 상호의존적인 관계 속에서 살아도 인간의 결핍이 다 채워지지는 못합니다. 그 관계 속에서도 삶과 죽음에 대한 문제는 여전히 남습니다. 이러한 깊은 존재의 문제는 하나님의 이름을 통해서만 해결될 수 있습니다.

그러므로 하나님 아버지와 교제 가운데 있는 그의 자녀들은 그 교제 가운데서 첫번째 기원의 내용인 "이름이 거룩히 여김을 받으시오며"라는 기도를 드리게 됩니다. 이 기원은 하나님의 결핍을 채워드리기 위한 기도가 아니라, 결핍된 존재인 인간이 하나님의 거룩하심이 드러나기를 희망하는 간절한 탄원의 기도입니다.

온 우주 삼라만상을 통해 비춰지고 있는 그의 존엄하신 이름이 우리 가운데서 거룩히 여김을 받을 때에만 우리가 갈망하는 영원한 자유, 평화, 생명을 누릴 수 있습니다. 그렇지 못할 때 우리의 삶은 계속적인 고갈과 악순환의 연속이 됩니다. 인간들의 이름만으로는 아무것도 이루어지지 않기 때문입니다.

인류의 전 역사(prehistory)에서 한 무리의 사람들이 동방으로 이동하여 오다가 시날

1. 하나님은 무엇인가 결핍된 게 있어서 인간에게 그 무엇을 요구하시는 분이 아닙니다. 그렇다면 "이름이 거룩히 여김을 받으시오며"라는 기도는 무엇을 뜻합니까?

평지에 이르러 바벨탑을 쌓았습니다. 그 탑을 쌓은 목적은 흩어짐을 면하고 그들의 이름을 알리기 위한 것이었습니다. 그러나 그 일은 실패로 돌아갔습니다. 오히려 언어의 분열이 생겨 뿔뿔이 흩어지고 만 것입니다. 결국 사도행전 2장에 이르러서야 성령의 임재 가운데 하나님의 이름이 거룩하게 되는 상황에서 새롭게 하나 되는 공동체가 탄생됩니다.

'하나님 아버지'라는 이름은 단지 어떤 대상을 부를 때 사용하는 '소리'가 아닙니다. 하나님의 이름은 그분의 존재 자체를 의미합니다. 창조, 거룩, 사랑, 생명, 빛, 공의 그 자체가 하나님 아버지의 속성입니다. 그렇기 때문에 그 이름이 거룩하고 존귀합니다.

일찍이 모세를 통해 이스라엘 백성에게 준 십계명에서, 하나님과 관련된 계명 가운데 "너의 하나님 여호와의 이름을 망령되이 일컫지 말라"는 무겁고 준엄한 계명이 있습니다. 하나님의 이름을 함부로 부르는 것은 그분의 존재 자체를 모독하는 의미가 있기 때문입니다.

하나님의 존재가 부인되고 모독당하는 경우는 대부분 어둠의 세력들에 의해서 이루어집니다. 어둠의 세력들은 그들의 이름을 드러내지 않습니다. 거의 다 익명으로, 이름 없이, 생명을 파괴하고 정의의 질서를 혼란시키며 자유를 말살합니다. 어둠의 세력들은 이름이 없습니다. 그리고 이름이 있어도 빛 가운데 그들의 이름을 드러내지 못합니다. 드러낸다 해도 그 이름 때문에 많은 사람의 인권이 침해되고, 사고가 제한되고, 자유가 박탈됩니다.

하나님은 그렇지 않으십니다. 하나님은 자신의 이름을 나타내시는 데 조금도 주저하지 않으십니다. 그래서 하나님은 모든 창조의 과정에서 자신이 어떤 분임을 드러내셨습니다. 하나님께서는 이름 드러내시기를 좋아하기 때문에 우리를 부르실 때에도 별명이나 번호를 부르지 않고 이름을 부르십니다. 이름을 부른다는 것은 우리의 인격을 그의 앞에 드러나게 하신다는 의미입니다.

신구약 성서에 나오는 인물은 모두 이름을 가지고 있고, 하나님께서 그들 한 사람 한 사람 이름을 부르시어 하나님 앞에 세우셨습니다. 하나님의 부르심을 듣고 그 앞에 선 사람들은 모두 너무나 보잘것없는 존재로 나타났습니다. 그들은 그 존엄하신 이름 앞에 떨었습니다.

유다 왕 웃시야가 죽던 해, 청년 이사야가 성전에 들어가 하나님의 얼굴을 뵙게 되었습니다. 그 때 그는 그 자리에서 자신의 부정함을 깨닫고 깊은 좌절과 고민 가운데 이렇게 부르짖었습니다.

"화로다 나여, 망하게 되었도다! 나는 입술이 부정한 사람이요 나는 입술이 부정한

2. '하나님이라는 이름은 그분의 인격을 나타낸다'는 말에는 어떤 뜻이 포함되어 있습니까? 하나님께서는 어떻게 그의 이름을 이 세상에 드러내셨습니까?

3. 하나님의 존재가 부인되고 모독당하는 경우는 대부분 어둠의 세력들에 의해 이루어집니다. 어둠의 세력들의 특징은 무엇입니까?

백성 중에 거하면서 만군의 여호와이신 왕을 뵈었음이로다”(사 6:5).

이처럼 인간은 하나님 앞에 설 때, 좌절과 절망을 느끼면서도 하나님의 존재를 바르게 인식해 가고 피조물로서의 인식이 깨어나는 가운데 하나님께 대한 복종의 삶을 살게 되며 온전한 인격의 인간으로 바뀌어 가게 됩니다. 우리는 그러한 사람들의 삶 가운데서 하나님의 이름이 존귀하게 드러나는 것을 보게 됩니다. 이 사실은 하나님의 이름이 거룩하게 되는 데서 인간이 삶의 충만과 진정한 자유를 누릴 수 있음을 의미합니다.

엘리 위젤의 글 가운데 이러한 이야기가 있습니다.

어떤 사람이 하늘 왕좌에 앉은 하나님 앞에 가서 물었습니다.

“사람 노릇과 하나님 노릇 중에 어느 편이 더 힘들다고 생각하십니까?”

“하나님 노릇이 더 힘들지.”

하나님의 답변이었습니다.

“나는 온 우주, 은하계와 별들을 신경 써야 한다. 인간인 그대야 식구들과 직장밖에 신경 쓸 게 더 있는가?”

“그건 그렇죠.”

사람이 되받았습니다.

“하지만 하나님께는 무한정한 시간과 능력이 있지 않습니까? 문제는 일을 해내는 것 자체가 아니라 한정된 능력과 짧은 인생살이 동안 해야 한다는 것이지요. 그게 힘들다는 거예요.”

하나님이 대답했습니다.

"그대는 도대체 자기가 무슨 말을 하고 있는지도 모르는군. 하나님 노릇은 상상할 수 없이 힘든 일이야."

"하나님은 어떻게 그렇게 자신 있게 말씀하실 수가 있습니까? 하나님은 사람 노릇을 해보신 일이 없고 저는 하나님이 되어 본 적이 없는데요. 그러면 우리 딱 1초 동안만 자리를 바꿔 보면 어떨까요? 그러면 하나님은 사람으로 살아가는 것이 어떤 기분인지, 저는 하나님 입장에 서는 게 어떤 기분인지 피차 알게 되지 않겠습니까? 딱 1초만 그렇게 한 뒤 다시 바꾸면 되지요."

하나님은 내키지 않았지만 사람이 워낙 졸라대자 마지못해 동의했고, 마침내 하나님과 사람이 서로 역할을 바꾸게 되었습니다. 하지만 일단 하나님의 자리에 앉은 그 사람은 다시 자리를 내 주려 하지 않았고, 그 때부터 인간이 이 세상의 통치자가 되고 하나님은 멀리 내쫓기고 말았습니다.

이 이야기는 우화입니다. 인간은 하나님을 밀어내고 그 자리에 앉아 자신의 이름을 드

4. 엘리 위젤의 글에 나오는 우화가 당신에게 주는 교훈은 무엇입니까?

5. 인간은 본성상 하나님보다 자신의 이름을 높이고 드러내는 데 관심이 있습니다. 요즘 나의 주된 관심사는 무엇입니까?

러내기 원합니다. 인간은 성공과 권력과 칭찬을 얻기 원하고 창조력을 인정받기 원합니다. 그러나 정작 온 우주의 최종 책임을 지고 싶어하지는 않습니다. 또 그렇게 할 능력도 없습니다. 인간은 성스러운 책임, 거룩한 책임에는 관심이 없고, 성공, 명예, 돈, 권력에만 관심이 있습니다.

우리가 몸담아 살고 있는 이 우주 안에는 인간의 지혜와 지성으로는 해결할 수 없는 난제들이 많을 뿐 아니라, 짧은 인생의 기간 동안 해결해 놓을 수 없는 문제들이 너무 많습니다.

유대인 랍비 해롤드 쿠시너는 여러 종교 전통에서 잠자기 전에 드리는 기도문을 보면 하나의 공통점이 있다고 했습니다. 그 공통점은 "하나님, 내가 이 밤에 마음놓고 잠들 수 있는 것은 이 세상이 전적으로 내게 기대고 있지 않다는 것을 알기 때문입니다. 만일 그걸 못 믿는다면, 그리고 내게 모든 세상 일의 최종 책임이 있다면, 어떻게 내가 이 세상을 팽개치고 잠자리에 들 수 있겠습니까?"라는 고백으로 귀결된다는 것입니다.

주기도문의 두번째 내용 "이름이 거룩히 여김을 받으시오며"는 이 세상을 인간 아닌 다른 전능하신 분이 주관하고 있다는 사실을 인정하는 것입니다. 그리고 그분의 통치와 주권을 받아들이겠다는 결의입니다.

'하나님 아버지' 라는 이름은, 우주 전체를 지탱해 가시는 분, 잠자는 영혼을 깨우는 분의 존재를 일깨워 주며, 우리 안에 잠재하고 있는 궁극적인 피조물 의식을 일깨워 주는 이름입니다. 그러므로 그분의 이름은 거룩히 여김을 받으셔야 합니다. 그분의 이름이 거룩히 여김을 받는 곳에 자유가 있고, 생명이 있고, 창조의 질서가 있습니다.

하나님을 아버지로 부르는 우리 가운데서 그의 이름이 거룩히 여김을 받게 하기 위해서는, 그분과의 교제 가운데서 우리가 끊임없이 성화되어 가야 합니다. 우리가 성화되어 가는 가운데서 그분의 이름은 더욱 존귀한 이름으로 드러납니다. 해 아래서 그분의 이름 외에 구원받을 다른 이름은 없습니다.

하나님의 자녀들 가운데서 하나님의 이름이 거룩하게 되지 못하는 경우는 두 가지입니다. 즉 경건의 모양은 있어도 능력이 없을 때와 하나님의 이름이 인간의 이기심에 의해 이용될 때입니다. "이름이 거룩히 여김을 받으시오며"라는 기도는, 우리 인간의 삶의 목적이며, 하나님이 창조하신 모든 피조물이 간절히 고대하면서 기다리는 바입니다.

인류 역사를 돌이켜보면 그래도 우리에게 아름답게 기억되는 이름이 있습니다. 그리고 그 이름에는 신비가 있습니다. 그것은 그

6. 하나님의 이름이 거룩히 여김 받지 못하는 경우는 언제입니까? 현실에서 우리의 어떤 삶을 통해 그의 이름이 거룩하게 드러날 수 있습니까?

사람의 이름이 드러남과 함께 그 이름 자체로 끝나지 않고 하나님의 이름이 거룩하게 나타나기 때문입니다.

우리는 이 세상에 살면서 하나님의 이름이 거룩히 여김을 받도록 간절한 마음으로 기도해야 합니다. 거기에만 소망이 있습니다. 그 날이 빨리 오도록 우리는 늘 간구해야 합니다.

그의 이름을 구하는 기도

하늘에 계신 우리 아버지,

저는 보잘것없는 피조물입니다.

그러면서도 자신이 피조물이라는 의식을 못한 채

하나님의 자리를 탐하고,

거룩하고 성스러운 책임은 지지 않으면서

명예를 탐하며 세속적인 욕망에

사로잡혀 살아가기 쉬운 저입니다.

그러한 삶의 자리에는 투쟁과 살인과 어두움의 일들이

악순환되고 있습니다.

주님, 하나님을 아버지라고 부를 수 있는 이 자리에

저를 초대해 주신 것을 감사합니다.

저의 삶과 제가 속한 공동체 속에서 하나님의 거룩한 이름을

진정 드러낼 수 있도록 도와 주시옵소서.

그것만이 저의 희망이고 기쁨입니다.

거기에 진정으로 하나님의 역사가 나타날 수 있습니다.

이 세상 모든 사람들이

하나님의 이름을 거룩히 받들어 섬길 수 있고

하나님의 존전에 온전히 무릎 꿇을 수 있는 그 날을 고대하면서,

그 날을 희망하면서 살아가게 하여 주시옵소서.

예수 그리스도의 이름으로 기도합니다. 아멘.

나라이 임하옵시며

제가 어린 시절에 교회에서 많이 들을 수 있었던 전도 구호는 '예수 믿고 복받고 잘 살자' 는 것과 '예수 믿고 천당 가자' 는 것이었습니다.

이 두 가지 전도 구호는 매우 현세적인 동시에 내세적인 것입니다. 예수 믿는 목적을 현세에서는 잘사는 것이요 죽은 후에는 천당 가는 것으로 보기 때문입니다.

그 때 제가 이해한 하나님 나라는 지극히 내세적인 것이었습니다. 거기는 누구나 다 갈 수 있는 곳이 아니고 도덕적으로 깨끗하게 산 사람만이 갈 수 있는 곳이라고 이해했습니다.

저는 예수 믿으면 두 가지 소득을 다 얻을 수 있으리라고 생각했습니다. 그리고 그 두 가지 이득을 다 얻을 수 있는 길이 도덕적으로 흠 없이 사는 길이라고 생각하고, 거기에 많은 시간을 투자했습니다.

오늘 배울 내용은 주기도문의 세번째 구절인 "나라이 임하옵시며"입니다. 이 구절 역시 "이름이 거룩히 여김을 받으시오며"처럼 기원문입니다. 이 기원문을 제가 어린 시절 이해했던 신앙의 내용으로 받아들이면 '이 세상에서 병 없이 장수하며 경제적으로 풍요하게 살다가, 죽은 후에 천당 가게 하옵소서'라고 해석할 수 있습니다. 그 천당은 선행의 정도에 비례해서 사람이 있을 곳이 기와집과 초가집으로 구분되는 곳입니다.

그러나 "나라이 임하옵시며"를 그러한 뜻으로 받아들이는 것은 너무나 잘못된 이해입니다. 이 기원문에 나타나 있는 '하나님 나라'는 그런 뜻이 아닙니다. 여기서 말하는 '하나님 나라'는 내세적인 것이 아니라, 하나님의 주권과 그의 통치와 관련된 것입니다.

우리가 상식적으로 이해하고 있는 이 세상의 나라 개념에는 반드시 영토와 정치 체제가 포함되어 있습니다. 그러나 하나님 나라는 그것과는 다릅니다.

하나님 나라는 이 현실 세계 어느 한 지역에 세워지는 국가가 아닙니다. 이 하나님 나라는 우리의 시공 세계 속에 있지 아니하고 영원 가운데 있습니다. 영원이란 시간은 현실의 시간이 지향해 가고 있는 목적지입니다. 그러므로 우리가 "나라이 임하옵시며"라고 기도드릴 때, 그 영원 가운데 있는 하나님의 통치가 우리의 현실에 임하게 해 달라는 의미가 있습니다.

하나님의 통치는 우리 인간의 선행이나 종교적인 열광으로 이루어지는 것이 아닙니다. 그것은 어디까지나 하나님의 주권에 속한 것으로서 그분의 은혜로 이루어집니다.

하나님의 통치가 임할 때 나타나는 현상은 매우 다양합니다. 정치적 억압에서 해방되고, 어둠의 권세가 궤멸되며, 죽은 사람이 살아나기도 하고, 병든 자들이 치유되며, 귀신들이 항복합니다.

이러한 하나님 나라는 예수 그리스도께서 이 세상에 오심으로 이 시공 세계 가운데서 이미 시작되었습니다. 물리학자 스티븐 호킹은 〈시간의 역사〉라는 책에서 "우리는 아직도 미래에서 온 사람을 보지 못했다"고 했습니다. 그의 말대로 미래의 시간에서 온 사람은 없지만, 영원 가운데 계시는 하나님의 아들 예수 그리스도께서 이 세상에 찾아오셨습니다. 그리고 그가 오심으로 하나님 나라가 이미 시작되었습니다.

누가복음은 이 사실에 대해 이렇게 말씀하고 있습니다.

"주의 성령이 내게 임하셨으니, 이는 가난한 자에게 복음을 전하게 하시려고 내게 기름을 부으시고 나를 보내사, 포로 된 자에게

1. 지금까지 당신이 이해하고 있는 '하나님 나라'는 어떤 것입니까?

2. 하나님 나라는 내세적인 것도 아니고, 세상 국가의 개념과도 다릅니다. 그렇다면 하나님 나라는 무엇을 담고 있습니까?

자유를, 눈먼 자에게 다시 보게 함을 전파하며 눌린 자를 자유케 하고 주의 은혜의 해를 전파하게 하려 하심이라"(눅 4:18, 19).

이 말씀은 선지자 이사야가 예언한 장차 나타날 하나님 나라에 대한 것으로서, 예수님에게서 이루어졌습니다. 그것은 하나님 나라의 시작이었습니다. 이처럼 하나님 나라가 예수 그리스도에게서 이미 시작되었지만 아직 완전히 실현된 것은 아닙니다.

그 나라의 실현은 인간 역사의 진보나 교회의 선교나 신도들의 경건 생활을 통해 완성되지 않습니다. 그 나라는 어디까지나 하나님이 실현하십니다. 그 때와 시간은 예수님도 모르시고 오직 하나님만이 아십니다.

우리가 이 땅에서 "나라이 임하옵시며"라고 기도하며 그 나라를 고대하는 것은 이 문제 많은 현실을 떠나고 싶어서가 아닙니다. 이 세상에서 일어나고 있는 각종 질병, 기아, 공해, 죽음 같은 문제들을 일시적으로 치유하기 위해서만도 아닙니다. 이 기도에는 그보다 더 깊은 뜻이 있습니다. 그것은 창조의 목적지가 그 나라며, 우리의 삶의 목적과 의미가 그 나라이기 때문입니다.

그렇다면 이제 우리가 생각해 보아야 할 다음과 같은 중요한 문제가 있습니다.

'우리의 개인적인 삶에 하나님 나라가 임한다는 것은 무엇을 의미하는가?'

'하나님 나라는 우리의 사회적 현실에 어떤 의미를 부여하고 있는가?'

우리는 이 문제들을 좀더 분명히 이해하고 나서 "나라이 임하옵시며"라는 기도를 드려야 합니다. 그렇지 아니하면 이 기도는 한갓 주문에 지나지 않게 됩니다.

먼저 우리 삶의 현실에 하나님 나라가 임하게 될 때 삶의 전환이 요구됩니다. 예수께서 하나님 나라가 가까이 왔다고 선포하시면서 제일 먼저 요구하신 것이 '회개'였습니다.

사람들은 누구나 자기 나름대로 바벨탑 같은 자기 왕국을 형성해 가면서 살아가고 있습니다. 그러면서 사람들은 마치 하나님을 자기가 형성해 가고 있는 자기 중심의 왕국을 견고하게 보호해 주는 분으로 오해합니다. 그러나 하나님은 결코 그러한 분이 아닙니다. 하나님은 우리가 형성해 가고 있는 왕국에 들어오셔서 우리와 함께 먹고 즐기시는 분이 아닙니다.

다음으로, 하나님 나라가 우리가 살고 있는 이 현실에 임할 때 이 어둠의 권세들과 충돌이 불가피합니다. 예수께서 이 세상에 오셨을 때 어둠의 권세를 상징하는 헤롯은 두 살 이하의 어린 생명을 모두 학살하는 잔

3. 하나님 나라가 현실에 임할 때 어둠의 권세들과 충돌하는 것은 불가피합니다. 그렇다면 하나님 나라가 임할 때 어떤 일들이 일어납니까?

• 개인적 영역

• 사회적 영역

4. 오늘 당신의 삶에 하나님 나라는 구체적으로 어떻게 나타나고 있습니까?

인한 행동으로 하나님 나라에 대항했습니다. 그렇게 함으로써 그는 자신의 왕국을 지켜 가려고 하였습니다. 그러나 그의 저항은 하나님 나라를 막지 못했습니다. 하나님 나라는 인간에 의해 임하는 것이 아니고 하나님의 능력으로 임하는 것이기 때문에 인간의 힘으로 막지 못합니다.

기업의 현장에 하나님 나라가 임하게 될 때, 그 현장에서 하나님 나라로 초대된 기업인은 하나님 나라의 질서에 따라 경영 방식을 바꾸어 나가는 새로운 삶의 지평으로 올라서지 않을 수 없습니다. 물론 그러한 지평에 올라서기까지는 많은 내적 투쟁이 있을 것입니다.

법조계에 하나님 나라가 임하게 될 때, 그들 가운데서 하나님 나라에 초대된 사람은 법조계의 현장에서 하나님의 질서를 확립해 가며 법을 집행하겠다는 새로운 원칙을 갖게 됩니다.

이처럼 우리 삶의 각 분야에 하나님 나라가 임하게 될 때 역시 같은 갈등과 투쟁이 있게 됩니다.

하나님 나라는 언제나 지극히 개인적인 영역에서의 갈등과 고뇌, 눈물로부터 시작됩니다. 그리고 이것이 차츰 사회적 영역으로 확대됩니다. 하나님 나라가 사회적 영역으로 확대될 때 거기에는 십자가의 고통이 수반되고 동시에 부활의 능력이 나타나게 됩니다. 사도 바울은 "우리의 씨름은 혈과 육에 대한 것이 아니요, 정사와 권세와 이 어두움의 세상 주관자들과 하늘에 있는 악의 영들에게 대함이라"(엡 6:12)고 했습니다.

하나님 나라의 제자로 부름받은 삶에서 포기와 단념은 불가피합니다. 누가복음을 보면, 예수께서 길 가실 때에 한 사람이 예수님을 따르겠다고 하면서 먼저 자기의 가족들과 작별 인사를 할 수 있게 해 달라고 간청하는 장면이 나옵니다. 그 때 예수님은 "손에 쟁기를 잡고 뒤를 돌아보는 자는 하나님의 나라에 합당치 아니하니라"(눅 9:62)고 하셨습니다.

이러한 하나님 나라는 악으로 인해 발생되는 결과를 치료하거나 뒷바라지하는 것으로 끝나지 않습니다. 하나님 나라의 주요 공격 목표는 악을 발생시키는 악의 뿌리를 궤멸시키는 것입니다. 예수 그리스도의 십자가와 부활은 하나님 나라의 싸움이 무엇을 목표로 하는지 보여 줍니다.

북한에서 굶주리며 헐벗고 있는 우리의 형제 자매를 긍휼히 여기고 돌보는 일도 중요하지만, 그것만이 전부가 아닙니다. 그 어둠의 땅에 하나님 나라가 임하기를 기도하는 것은, 그러한 비참한 일을 발생시키는 악의 뿌리를 하나님께서 언젠가는 궤멸시키리라는 희망이 우리에게 있기 때문입니다. 우

5. 당신은 세계 곳곳의 어둡고 악한 현실을 보면서, 그 곳에 하나님 나라가 임하기를 기도하고 있습니까? 지금 이 시간 생각나는 국가를 위해 기도합시다.

리가 이 어두운 현실 가운데서 하나님 나라의 공의와 사랑과 평화를 포기하지 않는 것은, 예수 그리스도의 십자가와 부활에서 하나님 나라의 승리를 보고 믿기 때문입니다.

이 세상에서 "나라이 임하옵시며"라고 기도하는 사람들은 '만물을 새롭게 하겠다'는 하나님의 약속을 믿는 사람들입니다. 그러므로 하나님 나라의 제자가 된다는 것은, 그 나라와 관련된 약속을 믿고, 그 실현의 때를 고대하면서 지속적으로 문제가 있는 현실에 직면해 간다는 것입니다.

우리가 살고 있는 이 역사의 지평은 매우 어둡습니다. 그럼에도 불구하고 하나님의 약속을 믿는 사람들은 그 어둠의 지평 저쪽에서 훤히 동터 오는 희미한 새벽을 봅니다. 그 새벽을 보며 살다 간 우리 시대의 대표적인 몇 사람을 말한다면, 로메로 신부, 마더 테레사 수녀, 슈바이처 박사, 유일한 박사와 같은 분들을 들 수 있습니다.

하나님의 약속을 믿는 하나님 나라의 제자들은 현실의 문제를 운명으로 받아들이거나, 현실이라는 상황 안에서 현실의 문제를 보지 않습니다. 그들은 이 현실에서 일어나는 어둠의 문제들을 하나님 나라라는 콘텍스트(context) 안에서 봅니다. 이처럼 현실의 문제를 하나님 나라라는 상황 안에서 바라보게 될 때 그 문제 뒤에 숨어 있는 허구, 거짓, 뇌물 수수 같은 부정적인 삶의 방식은 어찌할 수 없는 운명이 되지 않습니다. 하나님 나라는 우리를 상황의 노예가 되게 하지 않고 거기서 풀려나게 하기 때문입니다.

그러므로 하나님 나라는 운명론에 대항합
니다. 하나님 나라는 체념과 절망 가운데 있
는 사람들을 위로하는 것으로 끝나지 않고,
그들이 하나님 나라를 위해 일하도록 일으
켜 세웁니다. 하나님 나라는 우리가 새 하늘
과 새 땅을 향해 다시 한 번 새로운 시작을
하게 합니다. 이것은 결국 하나님의 은총의
선물입니다.

마지막으로 하나님 나라로 향하는 순례의
궁극적인 목적은 의와 평강과 기쁨입니다.
사도 바울은 "하나님의 나라는 먹는 것과 마
시는 것이 아니요, 오직 성령 안에서 의와
평강과 희락이라"(롬 14:17)고 했습니다.
의 없는 기쁨은 평화를 이루지 못합니다.
의 없는 평화는 방종과 무질서를 낳습니다.
기쁨 없는 의와 평강은 오래 지속될 수 없습
니다. 진정한 의와 평강에는 기쁨이 있습니
다. 의, 평강, 기쁨은 하나의 환상이 아닙니
다. 이는 하나님이 예수 그리스도 안에서 보
증해 주시고 성취하신 하나님 나라의 약속
입니다. 이 세상에서 하나님 나라로 향해 가
는 순례의 길이 때로는 험난하고, 때로는 모

6. 하나님 나라의 제자들은 운명
에 대항하며, 현실의 문제를
'현실'이라는 상황을 넘어 바
라봅니다. 당신은 지금 자신이
처한 현실의 문제를 어떻게 받
아들이고 있습니까?

호하며 불안이 있음에도 불구하고, 확신을 가지고 나아가는 것은 그 약속을 믿기 때문입니다.

궁극적으로 하나님 나라가 고통, 번뇌, 슬픔, 갈등, 죽음이라면 누가 이 길로 발걸음을 옮기겠습니까? 예수님은 하나님 나라에 대해 여러 가지 비유로 설명하시면서 하나님 나라는 하나님과의 사랑의 친교이며 기쁨이고 평강이라는 것을 말씀하셨습니다. 예수 그리스도의 부활이 이것을 보증하고 있습니다.

우리는 현실에서도 이것을 경험하고 있습니다. 우리가 하나님 나라에 가깝게 살면 살수록, 이 세상에서는 돈으로 살 수 없는 희망과 기쁨과 평강을 경험합니다. 이것은 도저히 부인할 수 없는 진실입니다. 하나님의 나라는 지금도 오고 있습니다.

그의 나라를 구하는 기도

하늘에 계신 우리 아버지여,

우리가 살고 있는 이 역사의 지평은

참으로 어둡기만 합니다.

싸움과 기아와 동족상잔과 거짓과 불의 같은 것들이

아우성치는 소리가 늘 들려옵니다.

그러나 저에게 이 어두운 역사의 지평 저쪽에 동터오고 있는

하나님 나라를 볼 수 있는 안목을 주시고,

그런 지평 위에 올라 설 수 있게 해 주신 것을 감사합니다.

저와 제 형제 자매의 마음 눈을 밝히사

하나님 나라의 지평을 볼 수 있게 해 주시옵소서.

그리고 다시 한 번 우리의 생을

그 나라를 위해 신실하게 살고자

다짐하게 해 주시옵소서.

예수 그리스도의 이름으로 기도합니다. 아멘.

뜻이 하늘에서 이룬 것같이
땅에서도 이루어지이다

고등학교 시절에 교회에서 사귄 몇 명의 가까운 친구가 있었습니다. 그 때 저는 개척 교회에 다녔는데, 토요일 오후면 으레 그 친구들과 함께 교회 청소를 깨끗이 하곤 하였습니다. 그런데 어느 날 그들 가운데 한 친구가 자신이 고민하고 있는 신앙의 문제를 털어 놓았습니다.

그는 초등학교 시절에 누님을 따라 월남해서 누님 집에서 함께 살고 있었습니다. 그가 예수를 믿게 된 동기는 어느 교회 권사님에게서 지옥에 관한 이야기를 듣고 너무 무서웠기 때문이었습니다. 그 때부터 주일학교에 출석하기 시작한 것입니다.

그 친구는 자기는 예수를 믿기는 하지만 다른 사람들처럼 구원의 기쁨이나 평안은 없다고 했습니다. 그저 믿지 않으면 지옥에 갈 것 같아 교회에 나오는 것이라고 했습니다. 그 친구의 신앙적 고민은 '이미 자신의 운명은 태어날 때부터 다 정해져 있고 예수를 믿는다고 바꾸어질 것도 아닌데 자신을 위해 기도하고 노력해야 할 필요가 있는가' 하는 것이었습니다.

그 때만 해도 교회에서 예정론이 매우 강하게 강조되던 시기였는데, 제가 생각하기에 그 친구는 예정론을 운명론으로 받아들였던 것 같습니다. 저 역시 그 친구와 비슷한 신앙적 문제에서 벗어나지 못한 채 갈등하고 있었기 때문에 도움이 될 만한 말을 해 주지 못하였습니다.

제가 느끼기로는 그 시대 예수 믿는 사람들이 거의 다 예정론과 운명론을 혼동하고 있었던 것 같습니다. 대부분 운명론에 시달리고 있는 사람들의 공통점은 자신들의 미래가 이미 어떤 불가항력적인 힘에 의해 규정되어 있다고 믿는다는 점입니다.

이러한 생각은 예정론을 운명론과 혼동하고 있는 기독교인만 하는 것이 아닙니다. 믿지 않는 사람들도 이와 비슷한 '종교적 신앙'을 가지고 있습니다. 이러한 종교적 의식을 가진 사람들의 공통점은 하나님의 뜻을 형벌과 억압과 속박으로 이해하고 있다는 것입니다.

미국의 한 사회학자가 마틴 캐리 커크스라는 주정뱅이 떠돌이의 자손에 대해 조사한 적이 있었습니다. 커크스의 부인도 남편과 비슷한 여자였습니다. 그의 자손은 모두 480명에 이르렀는데, 그 중 143명이 정신박약아, 36명이 사생아, 24명이 알콜중독자, 3명이 간질환자였고, 82명이 어려서 죽었으며, 3명이 살인죄로 처형당했습니다.

운명론적으로 생각하면 마틴 캐리 커크스는 이미 그러한 운명으로 태어난 사람이며, 그의 후손들 역시 그러한 운명으로 규정되어 있는 사람들입니다. 그러한 관점에서 본다면 "뜻이 이루어지이다"는, 그들의 운명을 이미 결정해 놓은 신의 뜻이 그대로 이루어지기를 바란다는 말이 됩니다.

하나님의 뜻을 운명론과 결부시키지는 않지만 하나님을 자신의 수호신처럼 생각하는 사람들은, 현재 자신의 불행, 고난, 질병을 모두 하나님의 계명을 어긴 데 대한 형벌로 생각합니다. 따라서 그들은 그 형벌을 벗어나는 길은 하나님의 계명을 기계적으로 잘 지키는 것이고, 그렇게 하기만 하면 만사형통할 것이라고 믿습니다. 그러한 믿음을 가진 사람들은 하나님의 뜻을 주로 종교적 계명이나 도덕법, 엄격한 의식으로 믿고 있습니다.

그러나 "뜻이 이루어지이다"는 위에 언급한 두 가지 중 어떤 경우에도 해당되지 않습니다. 하나님의 뜻은 각본처럼 짜여진 운명도 아니고 냉혹한 법도 아닙니다. 하나님의

1. 지금까지 살아오면서 '하나님의 뜻'이 억압적이고 강제적으로 느껴진 적이 있습니까? 어떤 경우에 그렇게 느꼈습니까?

2. '커크스와 그의 자손' 이야기를 나와 내 가족의 가계에 적용하는 것은 왜곡된 신앙의식입니다. 왜 그렇습니까? 무엇을 잘못 이해한 것입니까?

뜻은 사랑과 자비와 공의와 창조의 품성을 가지신 하나님 아버지와 인격적인 대화 가운데서 확인되고 발견되는 구원의 길입니다. 그러한 의미에서 이 기원은 하나님의 구원과 관련됩니다.

유전적인지는 몰라도 저의 치아는 제 뜻과는 너무나 다르게 보기에 좋지가 않았습니다. 치열이 불규칙할 뿐 아니라 잇몸의 상태도 나쁘고 덧니도 있었습니다. 그래서 몇 년 전에 제가 잘 아는 치과 의사와 만나 상담을 했습니다. 그런데 그 의사는 저의 치아 전체를 정밀하게 검사한 후 희망적인 조언을 해 주었습니다.

"목사님의 치아는 전부 새롭게 프로그램을 짜서 기본적인 데서부터 치료와 교정을 해 나가야 하겠습니다. 그렇게 하는 데는 1년이라는 기간이 필요하고 그 과정에서 몇 가지 어려움이 있을 겁니다."

저는 그 이야기를 듣고 얼마 동안 생각한 후, 그분의 뜻에 따르기로 결심했습니다. 그리고 나서 약 1년 간 치아에 관한 한 그분의 지시와 지도에 전적으로 동의하고 따랐습니다. 그 1년 간의 치료 과정에서 필요한 것은 그분을 전적으로 신뢰하는 것, 고통스러운 점을 참고 인내하는 훈련을 배워 가는 것이었습니다. 그 과정에서 저의 상식이나 저의 주관적인 뜻은 오히려 치료에 방해가 되곤 하였습니다. 그 결과 지금처럼 보기 좋은 치아를 갖게 되었습니다.

하나님은 우리가 로봇처럼 무조건 맹종하기를 원하지 않으십니다. 하나님은 우리가 하나님 자신의 뜻을 충분히 이해하고 자진해서 받아들이기까지 인내와 사랑으로 기다려 주십니다. 그 과정에서 이의, 반항, 거부, 긴장, 갈등은 불가피합니다.

그러나 일단 하나님의 뜻이 무엇인지 확인되면 전적으로 자신의 뜻을 포기하고 그 뜻을 따를 수밖에 없습니다. 그 때의 순종은 타의에 의한 부득이한 이끌림이 아닙니다. 능동적인 행동입니다. 그러한 과정에 비록 고난과 역경이 있어도 그것은 운명이 아닌 자신이 선택한 길입니다.

예언자 미가는 그러한 하나님에 대해 이렇게 말씀했습니다.

"주와 같은 신이 어디 있으리이까? 주께서는 죄악을 사유하시며 그 기업의 남은 자의 허물을 넘기시며 인애를 기뻐하심으로 노를 항상 품지 아니하시나이다"(미 7:18).

하나님의 뜻은 마취제가 아닙니다. 하나님의 뜻은 우리에게 자유, 치유, 희망, 용기를 부여해 줌으로써, 우리로 하여금 체념 가운데 우리를 얽어매고 있는 상황과 운명에 무릎 꿇는 대신 저항하게 해 주십니다. 그러므로 하나님의 뜻에 따르기 위한 복종이 현실에서 저항으로 나타나기도 합니다.

3. 우리가 처한 상황 속에서 하나님의 뜻이 무엇인지 모를 때, 순종을 결단하기란 결코 쉽지 않습니다. 그럴 때 하나님은 우리를 어떻게 대하시는 분입니까?

4. 하나님의 뜻을 이해하고 자진해서 받아들인 적이 있습니까? 그 때 당신의 느낌은 어떠했습니까?

하나님의 뜻은 궁극적으로 구원입니다. 우리가 고난 가운데서 "뜻이 이루어지이다"라고 기도드리는 것은 하나님의 구원의 능력이 임하기를 기원하는 것입니다. 하나님께서는 지금도 하나님 당신의 기쁘신 뜻을 위하여 우리 가운데 소원을 두고 계십니다(빌 2:13). 그 기쁘신 뜻이 궁극적으로 이루어지게 해 달라는 것이 "뜻이 이루어지이다"입니다. 여기에는 종말론적 의미가 포함되어 있습니다. 그리고 그분의 뜻이 이루어지기 위해서는 우리의 뜻을 포기하는 것이 불가피합니다.

예수님의 고난은 그분이 만들어 낸 것이 아닙니다. 그 부모로부터 물려받은 것도 아닙니다. 그 시대 사회적 상황이 주는 불이익에서 생겨난 것도 아닙니다. 그 고난은 하나님의 구속 역사 과정에서 예수님이 마셔야 할 쓴 잔이었습니다. 예수님은 그 잔을 앞에 놓고 심히 고통스러워하시면서, 할 수만 있다면 그 잔을 마시지 않고 지나가게 해 달라고 하나님께 간청했습니다. 그러나 예수님은 '심판을 통한 구원'이 불가피함을 아시고, 결국 그 심판의 잔을 받아들이기로 결심하셨습니다.

예수님은 수동적으로 체념하면서 그 잔을 받아들이지 않았습니다. 예수님은 자유 가운데 능동적으로 자리에서 일어나 자신을 배신한 자를 직접 대면하셨습니다. 그렇게 하는 것이 예수님께서 하나님의 뜻에 복종하는 길이었습니다. 예수님은 사건 앞에 수동적으로 무릎을 꿇지 않고 스스로 일어나 그 현장으로 가셨습니다. 마태복음 26장 46절은 예수님께서 "일어나라. 함께 가자. 보라, 나를 파는 자가 가까이 왔느니라"고 말씀하셨다고 기록되어 있습니다.

예수님에게 허락된 하나님의 뜻은 고난의 면제나 행복이나 성공이 아니었습니다. 그것은 자신의 뜻을 포기하고 고난의 쓴 잔을 받아들이는 것이었습니다. 예수님이 하나님과의 끈질긴 대화에서 얻은 해답은 "나의 원대로 마옵시고 아버지의 원대로 하옵소서"였습니다.

이 세상 어둠의 권세와 하나님 나라의 싸움은 예수님의 투쟁과 결단으로 끝이 났습니다. 예수님께서 하나님의 뜻을 받아들이심으로 하나님이 승리하신 것입니다. 그래서 예수님은 베드로가 검을 사용하는 것을 허락하시지 않으셨습니다. 예수님은 혈기와 검으로는 어둠의 권세를 이길 수 없다는 것을 아셨습니다.

참으로 어둠의 권세를 이기는 것은, 자신을 포기하고 온전히 하나님의 뜻을 받아들일 때입니다. 그렇게 할 때 세상적으로는 패배하는 것 같지만 결코 그렇지 않습니다. 그것이 하나님의 승리입니다. 그렇게 함으로써 우리는 하나님의 승리에 동참하게 됩니

5. 우리가 어둠의 권세와 싸워 승리하신 예수님의 부활을 체험하려면 어떻게 해야 합니까?

6. 각자가 처한 삶의 현장에서 '하나님의 뜻'과 '나의 뜻'이 충돌할 때 어떻게 우선 순위를 결정하고 행동합니까? 하나님의 뜻이 이루어지도록 당신이 포기하고 단념한 것은 무엇입니까?

다. 거기에 부활의 체험이 있습니다.

하나님은 우리를 구원하셔서 하나님의 자녀로 삼으시고 이 세상에서 하나님 나라를 위해 살도록 새로운 사명을 주십니다. 그러므로 예수 믿는 사람은 하나님을 아버지로 모신 자녀인 동시에 그 아버지의 나라를 위해 살아가는 ‘사명의 백성’(a people of mission)입니다. 그렇기 때문에 우리는 삶의 현장에서 “나의 원대로 마옵시고 아버지의 원대로 하옵소서”라는 기도를 드리게 됩니다. 그러한 기도를 드릴 때 우리 것을 포기하고 단념하는 것은 불가피합니다.

한때 시내에 있는 어느 여자 대학에서 그 학교 교수들의 성경공부반을 인도한 적이 있습니다. 어느 날 모임에서 저는 ‘하나님의 뜻’이라는 용어를 몇 번 사용했습니다. 모임 후 중진급 여자 교수한 분이 여러 교수들이 있는 가운데서 이렇게 물었습니다.

“교회에서 목사들이 하나님의 뜻이라는 용어를 상투적으로 사용하는데 도대체 하나님의 뜻이 무엇입니까?”

질문을 하는 그 교수는 목사들에 대해 매우 못마땅해하는 것 같은 표정이었습니다. 저는 여러 말 하지 않고 간단히 대답했습니다.

“하나님의 뜻은 우리 자신의 뜻을 포기하는 것입니다.”

저의 답변에 그 교수는 아무 말 없이 숙연한 모습이 되었습니다.

처음이나 나중이나 하나님의 뜻 앞에서는 우리 자신의 뜻을 스스로 포기하지 않을 수 없습니다. 왜냐하면 그 길이 곧 자유의 길, 평화의 길, 생명의 길이기 때문입니다.

“뜻이 하늘에서 이룬 것같이 땅에서도 이루어지이다”라는 기도

에는 "하늘에서 이룬 것같이"라는 전제가 있
습니다. 이것은 하나님께서 계획하고 계시
는 뜻이 조금도 유보됨 없이 온전히 이루어
지기를 희망하는 내용입니다.

하나님의 뜻은 불완전하지 않습니다. 온전
합니다. 우리는 하나님께서 계획하신 본래
의 뜻이 굴절 없이 그대로 이루어지기를 고
대하면서 "하늘에서 이룬 것같이"라는 말을
사용하게 됩니다.

하나님께서는 지금도 만물을 새롭게 하시
는 창조의 역사를 이루어가고 계십니다. 거
기에는 우리 한 사람 한 사람은 물론 우리
가정, 우리 나라, 이 우주 전체가 포함되어
있습니다. 우리의 희망과 미래는 하나님의
그 약속입니다. 교회 공동체가 지향해 가는
목표 역시 그 약속입니다.

우리는 하나님의 그 약속을 바라보면서
"뜻이 하늘에서 이룬 것같이 땅에서도 이루
어지이다"라고 매일 매일 기도드리게 됩니
다. 우리 아버지의 뜻이 이루어진다는 희망
이 없다면 어떤 목적으로, 무슨 의미로 이
현실을 살아갈 수 있겠습니까?

우리가 고난과 때때로 찾아오는 회의와

7. 불신자들에게서 "너희 소망이
   무엇이냐?"는 질문을 받는다
   면, 당신은 어떻게 답하겠습니
   까? 당신은 그 소망을 믿음으
   로 확신합니까?

절망 가운데서도 희망을 잃지 않는 것은 하나님 우리 아버지의 그 약속을 믿기 때문입니다. 우리가 서로 용서하고 받아들이고 사랑하고, 세상을 향해 우리 자신을 개방하는 것은 그 소망이 있기 때문입니다. 우리에게 소망의 내용을 묻는 자들에게 주저하지 않고 분명히 말할 수 있는 것은, '하늘에 계신 하나님 우리 아버지의 나라가 오고 있고 그분의 뜻이 우리 가운데서 이루어지고 있다'는 믿음 때문입니다.

그의 뜻을 구하는 기도

하늘에 계신 우리 아버지여,

저는 이 세상에 살면서

오늘의 현실에 좌절하고 낙심할 때가 많고,

저 자신에 대해서도 낙심할 때가 많습니다.

그러나 그 가운데서도 하나님의 뜻이

하늘에서 이루어진 것같이

이 땅에서도 온전히 이루어지게 해 달라고 하는

기도를 하며 살도록

저를 불러 주신 아버지께 감사를 드립니다.

아버지, 제가 아버지의 온전한 뜻을 깨달을 수 있게 해 주시고

그 뜻 앞에 저 자신을 내려 놓을 수 있게 해 주시옵소서.

그래서 제 뜻이 아니라, 제 욕심과 제 이상이 아니라,

오직 아버지의 뜻이 이루어지기를 원합니다.

이 나라에, 우리 가정에, 저 개인의 삶에,

제가 속한 믿음의 공동체에, 이 지상에

아버지의 뜻이 이루어지게 해 주시옵소서.

그것을 위해 예수 그리스도의 십자가가 불가피했습니다.

제가 그 십자가의 의미를 늘 새롭게 바라보게 해 주시옵소서.

예수 그리스도의 이름으로 기도합니다. 아멘.

오늘날 우리에게 일용할 양식을 주옵시고

오늘은 주기도문의 네번째 기원을 공부하겠습니다. 첫째날에 주기도문을 크게 두 부분으로 나눌 수 있다고 했습니다. 첫째 부분은 "하늘에 계신 우리 아버지여"부터 "땅에서도 이루어지이다"까지입니다. 그리고 둘째 부분이 "오늘날 우리에게 일용할 양식을 주옵시고"부터 "아멘"까지입니다.

주기도문의 첫째 부분에서는 하나님의 목적이 우선이었다면 둘째 부분에서는 우리의 목적이 우선이 될 것입니다. 첫 부분에서는 하나님 아버지, 하나님의 이름, 하나님의 나라, 하나님의 뜻을 담고 있습니다. 둘째 부분에서는 우리의 양식, 우리의 죄, 우리의 시험, 우리의 악을 담고 있습니다.

그런데 주기도문의 첫 부분을 보면 하나님의 목적이 우선인 것 같지만, 사실 그것은 하나님 자신을 위한 것이 아니고 우리를 위한 것입니다. 오늘부터 공부할 둘째 부분의 기원들을 통해서 그 점이 더욱더 명확하게 드러납니다. 우리는 이 기원들을 통해서 하나님의 이름과 그의 나라와 그의 뜻의 실현 없이는 희망이 없다는 사실을 절실히 인식하게 됩니다.

이 둘째 부분에 나타나 있는 인간은, 그 날의 양식을 하나님께서 허락해 주시지 않으면 살아갈 수 없는 존재, 하나님의 용서가 필요한 존재, 일상적인 삶에서 악에 빠지기 쉬운 존재임을 알 수 있습니다.

이러한 상황에서 진정 우리가 구해야 할 것은 그의 이름과 그의 나라와 그의 뜻입니다. 이것밖에는 우리 문제의 해답이 없습니다. 세상의 문제들은 제쳐 놓더라도 오늘의 교회와 우리 가정에 우선 문제가 되는 것이 빵의 문제, 죄의 문제, 매일 부딪치는 시험의 문제, 악의 문제입니다. 이러한 문제에 대한 해답은 역시 하나님의 나라와 그의 뜻입니다.

주기도문 둘째 부분의 첫번째 기원인 "오늘날 우리에게 일용할 양식을 주옵시고"는 주기도문 전체의 문지방 또는 심장에 비유할 수 있습니다. 우리의 죄, 시험, 악의 문제는 거의 다 빵의 문제와 관련되며, 빵의 문제는 우리의 배고픔, 결핍과 관련이 있습니다.

이 기원문에 나오는 '양식' 또는 '빵'을 단순히 매끼 먹는 밥으로만 생각할 수 있습니다. 그렇게 단정할 때 이것을 오직 배를 채울 수 있는 육신의 양식으로만 생각하고 그것만을 구하게 됩니다. 그러나 이 '양식'은 굶주린 배만을 채우는 양식이 아닙니다.

이 기원에서 양식은 '우리의 결핍된 존재를 위해 필요한 모든 것'입니다. 그 모든 것에는 먹는 것, 마시는 것, 입는 것, 거하는 것, 농지, 자연, 가축, 돈, 좋은 배우자, 자녀, 좋은 통치자, 좋은 정부, 평화, 건강, 명예, 좋은 친구, 신뢰할 수 있는 이웃이 다 포함됩니다.

성서는 인간을 영과 육으로 구분해서 대립적으로 갈라놓지 않습니다. 하나님께서 인간을 창조하실 때 흙으로 인간의 육체를 지으신 후 그것만을 인간이라 하지 않으셨습니다. 그 육체에 하나님의 생기가 들어가고 나서야 한 인격으로서 인간이 되었습니다. 한 인격으로서 인간은 육체만도 아니며 육체 없는 영만도 아닙니다. 영과 육이 합한 존재입니다. 그러므로 양식에 대한 기원은 오로지 육체만을 위한 것이 아니고 인간의 삶 전체와 관련된 것입니다.

이 기원에 나타난 양식을 성서적 관점에서 '우리 인간 존재에 필요한 모든 것'으로 생각할 때 다음과 같은 몇 가지 이해가 전제됩니다.

먼저 하나님의 이름, 그의 나라, 그의 뜻

1. "일용할 양식을 주옵시고"라는 기도에서 '양식'은 구체적으로 무엇을 의미합니까?

2. 사람이 배고픔을 채우는 떡으로만 살 수 없다는 말은 무슨 뜻입니까? 왜 그렇습니까?

이 이루어지도록 기도하는 것은 너무나 필연적이라는 것입니다. 하나님의 나라와 그의 뜻이 실현되지 아니하고는 우리가 추구하는 양식을 얻을 수 없습니다. 일용할 양식은 하나님의 뜻에 상응하는 것입니다. 그래서 우리는 그의 뜻이 하늘에서 이루어진 것같이 땅 위에서도 이루어지도록 구합니다.

또한 인간을 영과 육으로 분리해서 생각하지 않고 통합적으로 생각할 때, 우리는 육신의 빵만으로는 살 수 없습니다. 예수님 말씀과 같이 사람은 빵으로만 살 수 없고 하나님의 입에서 나오는 말씀으로 삽니다(마 4:4). 이 지상 생활에서 인간의 모든 생의 물음에 대한 해답은 바로 하나님의 입에서 나오는 말씀입니다.

그리고 성서적 관점에서 볼 때, 양식은 삶에 지친 사람들에게 새로운 원기를 공급해 주는 요소입니다. 영적으로나 육적으로 배고픔 가운데 있는 사람에게 하나님의 말씀과 빵은 그의 지친 삶을 일으켜 세우는 원동력이 됩니다. 그러한 의미에서 이 기원은 이 세상에서 하나님 나라를 위해 부름받은 교회의 행동목표의 중심이자, 주기도문 전체의 심장입니다.

지금까지 살펴본 바를 정리하면 다음과 같습니다.

1. 성서적 관점에서 양식은 우리 인간 존재의 결핍을 채워 줄 수 있는 일상적인 삶의 모든 필수 품목입니다.

2. 이 양식은 우리가 영양실조에 걸려 병들지 않게 하는 영양소입니다. 사도 바울은 이러한 필수품을 일하지 않고 놀고 먹는 게으른 자들에게 공급할 수 없다고 했습니다(살후 3:10). 왜냐

하면 영양소는 열심히 일하는 자들에게
만 필요한 요소이기 때문입니다. 일하
지 않는 게으른 자들에게는 이것이 필
요하지 않습니다.

3. 이 양식은 하나님 나라의 종말론적 잔
치의 상징입니다. 누가복음 14장 15절
은 하나님 나라에서 빵을 먹는 자가 복
되다고 했습니다.

그러나 여기까지만 살피고 끝난다면, 이
기원의 내용을 절반 정도밖에 못 보는 것이
됩니다. 그 다음으로 살펴보아야 할 중요한
내용이 "일용할"이라는 단어입니다. 이 기원
은 단지 "양식을 주옵시고"가 아니고 "우리
에게 일용할 양식을 주옵시고"라고 되어 있
습니다. 여기에서 '일용할' 이라는 단어는 시
간의 길이를 의미하는 것이 아니라 양(量)을
의미합니다. 즉 이것은 '시험에 들지 않기
위해 우리에게 필요한 만큼의 양' 을 의미하
는 것입니다.

이스라엘 백성이 광야 생활을 할 때, 하나
님께서는 메뚜기와 만나를 양식으로 내려
주셨습니다. 그러면서 거기에 단서를 붙이

3. "일용할 양식"은 그 날에 해당
하는 양식을 의미합니다. 왜
예수께서 그 날의 양만을 구하
라고 하셨을까요?

셨습니다. 그 날 필요한 양만을 가져가고 더 이상은 가져가지 말라고 명령하신 것입니다. 그러나 이스라엘 백성은 그 말씀을 듣지 않고 그 날의 양보다 더 가져가곤 했습니다. 그런데 그렇게 더 가져간 양식은 그 날이 지나면 썩어 버려 먹을 수가 없게 되었습니다(출 16:1-30).

하나님에 대한 이스라엘의 불신, 이웃을 생각하지 않는 이기심과 욕심으로 말미암아 그들은 그 날의 양식에 더해서 다른 사람의 몫까지 가져가곤 했습니다. 그러나 한 개인의 하나님이 아닌 '우리' 하나님 아버지는 한 개인의 욕심으로부터 나오는 부당한 축적을 허락하지 않으셨습니다.

그리고 이 기원에는 "일용할" 외에도 시간과 관련된 단어로 "오늘날"이라는 말이 있습니다. 단지 "일용할" 양식에 그치는 것이 아니라 "오늘날"이라는 시간적 제한이 있는 것입니다. 이것은 우리에게 위탁하신 "오늘날"이라는 한 시점에서 우리의 생을 위해 충분히 쌓아 두는 것으로 끝내라는 뜻입니다. 여기에는 '매점매석 하지 말라'는 깊은 뜻이 있습니다.

하나님 나라의 특성은 '유무상통'(有無相通)입니다. 이는 서로 사랑 가운데서 다른 사람의 결핍을 생각하며 분배하고 나누는 것을 말합니다. 좀더 나아가서 이 지상에서의 삶 자체가 매우 제한적이라는 사실을 인정하고 받아들이는 것을 말합니다.

미국의 유명한 부호였던 록펠러는 "이 세상에서 부자로 살다가 부자로 죽는 것은 가장 수치스러운 일이다"라고 했습니다. 그는 자신의 재산을 뉴욕 시에 헌납해서, 뉴욕 시에 사는 시민은 누구나 그 시가 없어질 때까지 물값을 내지 않도록 했습니다.

인간의 생명은 쌓아 두고 저장하는 것으로 유지되는 것이 아닙니다. 우리는 오직 하나님께로부터 오는 은혜와 평강으로 살아갑니다. 마치 우리의 삶을 위해 우리 자신이 수고해서 필요한 것을 취득하는 것 같지만, 성서적 관점에서 보면 그 역시 하나님의 은혜로 이루어지는 것입니다. 예수님은 한 부자의 비유에서 "삼가 모든 탐심을 물리치라. 사람의 생명이 그 소유의 넉넉한 데 있지 아니하니라"(눅 12:15)고 하셨습니다.

자신을 위해 쌓아 두고 저장하는 것은 생에 대한 불안과 배고픔 때문입니다. 인간은 누구나 다 양식에 대한 배고픔이 있습니다. 그러한 인간의 배고픔은 모든 시험과 악의 근원이 됩니다. 인간은 권력, 명예, 성, 물질에 대해 늘 굶주림을 느끼고 있습니다. 그리고 그것을 우상으로 섬깁니다. 그러므로 우리는 우리의 배고픔이 무엇에 대한 것인가를 묻지 않을 수 없습니다.

예수님은 "의에 주리고 목마른 자는 복이

4. "오늘날"이라는 시간 개념은 무엇을 의미합니까? 당신은 "오늘날 우리에게" 주시는 일용할 양식에 대해 감사하며 살아가고 있습니까?

있나니"(마 5:6)라고 하셨습니다. 진정 존재의 굶주림을 충족시킬 수 있는 참된 양식은 하나님입니다. 그러므로 이 기원의 빛 가운데서 우리는 물질에 대한 욕구로부터 자유함과 절제를 배워 가야 합니다.

지금 우리에게 점점 절실한 문제로 다가오는 것은 빵, 마실 물, 호흡할 공기, 자연입니다. 이 지구상에서 기아의 문제는 한 종족의 문제가 아닌 대륙의 문제로 나타나고 있습니다. 양식은 나만을 위한 것이 아닙니다. '우리'를 위해 주신 것입니다. 그래서 "우리에게 일용할 양식을 주옵시고"라고 되어 있습니다.

우리들 주위에는 일용할 양식이 없어 고통 가운데 있는 사람들이 얼마나 많은지 모릅니다. 병이 들었지만 돈이 없어 치료를 못 받고 있는 이웃, 먹을 것이 없어서 배고파하는 이웃, 하나님의 말씀이 없어 영혼의 고갈 가운데 있는 이웃, 불의한 사회 구조 가운데서 불이익을 당하고 억울해서 울고 있는 이웃……. 이들은 모두 양식이 필요한 사람들입니다.

이 일용할 양식이 정당하게 모든 사람에게 돌아가도록 하기 위해 권력 구조로서 행정부, 입법부, 사법부가 있고, 또한 종교가 있습니다. 그리고 사회 각 분야의 지도층들이 있습니다.

우리는 오늘 우리 사회 현실을 깊이 생각하지 않을 수 없습니다. 이 사회에 하나님의 나라와 그 뜻이 이루어지도록 간절히 기도하지 않을 수 없습니다.

결론적으로, "오늘날 우리에게 일용할 양식을 주옵시고"라는 이 기

원은 장차 하나님 나라에서 이루어질 성만
찬을 고대하는 기원입니다. 장차 이루어질
그 성만찬에는 우리가 갈구하는 모든 것이
있습니다. 우리의 결핍을 근본적으로 충족
시켜 줄 참된 양식이 있습니다.

우리는 그 시간을 고대하면서 "오늘날 우
리에게 일용할 양식을 주옵시고"라고 희망
가운데서 기도하게 됩니다. 우리는 어둠의
현실에 절망하면서 이 기원을 드리는 것이
아닙니다. 하나님의 지평 위에서 오고 있는
하나님 나라를 바라보면서 이 기도를 드리
는 것입니다.

우리의 희망은 지금 하나님 아버지의 나
라가 오고 있다는 것입니다. 그 나라와 함께
우리가 추구하는 양식이 있습니다. 사람들
은 하나님 나라 없이 오직 자신만을 위해 풍
족한 양식을 구합니다. 그러나 지금 우리는
하나님 나라를 무시한 채 양식만을 추구하
는 일이 얼마나 인간을 타락시키고 있는지
분명하게 목격하고 있습니다. 인간은 경제
적 동물이 아닙니다. 인간은 하나님의 형상
대로 지음받은 한 인격입니다.

인간 본래의 존재 양식은 하나님의 나라

5. 오늘 이 시대에 빵의 문제는
매우 심각한 전 지구적 문제입
니다. 이 문제를 해결하기 위
해 어떻게 해야 합니까? 개
인·단체(교회)·국가 차원에
서 생각해 봅시다.

와 그의 뜻 가운데서 살아가는 것입니다. 그래서 주기도문을 보면 하나님의 이름과 나라와 뜻이 양식보다 앞서 있습니다. 또한 예수께서는 "너희는 먼저 그의 나라와 그의 의를 구하라. 그리하면 이 모든 것을 너희에게 더하시리라"(마 6:33)고 하셨습니다. 그렇기 때문에 우리는 하늘에 계신 우리 아버지께 그의 나라와 그의 뜻이 하늘에서 이루어진 것같이 땅 위에서도 이루어지도록 구하게 되는 것입니다.

일용할 양식에 관한 기도

하늘에 계신 우리 아버지여,

저에겐 이 세상을 살아갈 때 필요한 것이 너무나 많습니다.

먹을 것, 입을 것, 병들었을 때 치료할 것, 평화로운 가정, 이웃,

마음의 안정을 가지고 살 수 있는 사회적 분위기와 자연,

일할 수 있는 농토와 직장, 이 모든 것이 다 필요합니다.

주님께서는 이것을 구하라고 하셨습니다.

그러나 이것이 다른 무엇과 더불어 온다는 사실을

잊어버릴 때가 많습니다.

그래서 단순히 충동 속에서, 야망 속에서

나만 잘되겠다는 착각으로 구할 때가 많습니다.

그러나 주님, 이제 일용할 양식이 어떠한 상황에서 주어지는지를

제가 다시 한 번 깨닫게 해 주옵소서.

이 세상에 살면서 하나님의 이름과 그 나라와 뜻을

간절히 간구하는 하나님의 자녀로 설 수 있게 해 주옵소서.

우리 민족에게는 '우리'라는 개념이 없습니다.
전부 '나'만 생각합니다.
아버지, 저를 포함하여 이 백성의 잘못된 생각과
옳지 못한 마음을 바꾸어 주셔서
이웃을 보게 하시고, 사회를 보게 하시고,
참다운 미래가 무엇인지를 깨닫게 해 주옵소서.
예수 그리스도의 이름으로 기도합니다. 아멘.

우리가 우리에게 죄 지은 자를 사하여
준 것같이 우리 죄를 사하여 주옵시고

오늘 공부할 내용은 주기도의 다섯번째 기원인 "우리가 우리에게 죄 지은 자를 사하여 준 것같이 우리 죄를 사하여 주옵시고"입니다. 원래 마태복음 원문에는 '죄'가 '빚'으로 되어 있고, 누가복음에는 그대로 '죄'로 나옵니다. 이 기원의 주된 내용은 "우리 죄를 사하여 주옵시고"이고, 거기에 조건문처럼 "우리가 우리에게 죄 지은 자를 사하여 준 것같이"라는 말씀이 있습니다. 이 두 구절의 세 가지 주제는 죄, 고백, 용서입니다.

오래 전에 있었던 일입니다. 제가 잘 아는 청년이 우리 나라에서 이름 있는 기업체에 취직이 되었습니다. 그가 맡은 분야는 해외 무역이었습니다. 몇 개월 후에 그 청년을 다시 만나 직장에 잘 적응해 가느냐고 물었더니, 직장을 사직했다고 했습니다. 그 사연은 이러했습니다.

처음에는 해외 무역 관계를 맡게 되어 큰 기대를 가졌다고 합니다. 그런데 나중에 알고 보니 외국에서 중고 중장비를 사들여 약간 손질한 후 국내 시장에 파는 일이었습니다. 그 일을 하려면 너무나 많은 거짓말과 속임수를 써야 했기 때문에, 그로서는 양심의 가책 때문에 계속 할 수가 없어 그만두었던 것입니다.

주기도의 다섯번째 기원은 '일용할 양식'의 문제와도 깊이 관련되어 있습니다. 우리는 삶의 현장에서 매일 일용할 양식을 얻기 위해 치열한 생존 경쟁을 치르며 살아가고 있습니다. 그러한 현실에서는 속여서 팔기도 해야 하고, 속여서 얻기도 해야 합니다. 게다가 우리 나라 같은 현실에서는 무슨 일을 하더라도 '플러스 알파'가 포함되어야 하기 때문에 양심대로 살고자 하는 사람들은 죄책감으로 갈등과 고민에 시달려야 합니다.

그래서 그리스도인으로서 바르게 살고자 하는 사람들의 생의 목표 가운데 중요한 관심사는, 어떻게 하면 죄를 짓지 않고 깨끗하게 살 수 있을까 하는 것입니다. 그런데 그 문제에 골몰하다 보면 자연히 소극적이 되고, 현실을 기피하거나 현실을 악한 것으로 간주해 버리는 경향으로 나아갑니다. 물론 모든 사람들이 다 그런 것은 아닙니다. 소수를 제외한 대부분의 사람들은 '육체적 요구'를 더 중요시하기 때문에 '영적 요구'는 거의 무시하고 살아갑니다.

오늘 이 시대의 위기는 '죄'에 대한 의식이 매우 희박해져 간다는 데 있습니다. 서구 기독교에서는 '죄'라는 용어를 점점 기피하

고 있습니다. 그것과 더불어 '회개'라는 용
어도 점점 사라지고 있습니다. 요즈음 서구
사회에서는 죄와 회개라는 말을 하면 상대
방의 자존심을 손상시키는 것으로까지 받아
들이는 경향이 있습니다.

이 시대 사람들은 죄책감을 매우 싫어하
고 거부합니다. 그래서 가급적이면 '희생양'
(scapegoats)을 만들어 내고 싶어합니다. 그
래야 죄책감에서 벗어날 수 있기 때문입니
다.

이러한 현상을 오늘 우리 사회에서도 볼
수 있습니다. 지금 우리에게 닥친 이 어려움
의 현실을 자신과 관련시켜 생각해 보려는
사람이 많지 않습니다. 가급적이면 희생양
을 만들어 내서 그에게 모든 책임을 다 지우
려고 합니다. 올바른 사회 의식을 가진 사람
들의 좌절과 실망은 바로 그러한 잘못된 집
단의식으로 이 사회가 이끌려 가고 있다는
데 있습니다. 그러나 냉철하게 생각해 볼
때, 현실의 문제에 대한 죄책감으로부터 벗
어나기 위해 희생양을 만들어 낸다고 해서
우리 자신은 깨끗하다고 할 수 있습니까?

자본주의나 사회주의를 막론하고 그 어느

1. 당신이 용서하지 못하는 사람
이 있습니까? 그를 받아들이지
못하는 중요한 이유는 무엇입
니까?

2. 오늘날 한국 교회는 '죄'와
'회개'를 소홀히 하고 있지는
않은지 돌아보아야 합니다. 당
신은 죄에 대해 민감하게 깨어
있습니까? 당신의 기도생활에
서 죄고백과 회개는 어느 정도
비중을 차지합니까?

사회나 그 내부에 쌓여 가는 정치, 경제, 문화, 문명의 피라밋의 형성 과정에 온갖 죄악들이 다 자행되고 있습니다. 그 사회의 일원으로 사는 사람은 누구나 거기에 연루되어 있습니다. 그래서 '네오막시즘'(Neo-Marxism)은 지식인들에게 수치심을 불어넣습니다. '당신들은 불쌍한 민중들을 착취하고 있다' 는 의식을 강하게 갖게 해서 사회 혁명에 동참하게 만드는 것입니다. 그러나 거기에도 역시 착취, 거짓, 불의, 인간의 존엄성 파괴라는 더 큰 악이 내재해 있습니다.

기독교 신앙에서 죄는 어둠의 현실에서 몸을 도사리며 착하게 살았느냐 그렇지 못했느냐에 있지 않습니다. 죄는 좀더 적극적인 면에서 책임과 관련됩니다. 만약 죄의 문제를 생각할 때 얼마나 착하게 살았느냐에 초점을 맞춘다면, 우리는 항상 이 현실을 적대시하고 현실로부터 도피해서 지극히 개인주의적인 삶으로 빠져들어갈 수밖에 없습니다. 그러한 가운데서 죄의 고백은 어디까지나 자기중심적이 됩니다.

그러나 이 주기도의 다섯번째 기원에 나타나 있는 죄의 문제는 그러한 의미와는 다릅니다. 여기에 기록된 죄는 사회와 고립된 상태에서가 아닌, 사회와의 관계 가운데서 부여되는 책임과 관련되어 있습니다. 즉 이 사회라는 공동체의 한 구성원으로서 우리가 하나님께로부터 위탁받은 책임을 다했는가 하는 문제인 것입니다.

그러므로 기독교 신앙에서 죄의 고백은 자신을 부인하는 것이 아닙니다. 오히려 자신을 받아들이는 것이며, 사회 공동체 구성원으로서의 정체성을 인정하는 것입니다. 자기 정체성이 분명한 사람일수록 자신의 책임과 실수를 인정할 줄 알게 됩니다.

에덴의 비극은 이 책임의 회피에서 시작되었습니다. 그들은 자기 삶에 스스로 책임을 지고 사는 자유인임을 부인했습니다. 에덴에서 여자는 뱀에게 책임을 전가했고, 남자는 여자에게 책임을 지웠습니다. 거기에는 책임을 갖고 사는 자유인이 없었습니다. 죄책감을 느끼는 것과 죄를 고백하는 것은 자유인으로서 자기 정체성이 분명한 사람만이 할 수 있는 아름답고 신성한 일입니다.

기독교 신앙에서 죄의 고백은 도피가 아니며, 한 번 더 참자유의 영역으로 들어가는 새로운 시작입니다. 종에게는 책임감도 없고 그것과 결부된 죄책감도 없습니다. 오직 자유하는 주인에게 책임이 있으며, 그것과 관련된 죄책감이 가능한 것입니다.

그러므로 그리스도인은 신앙적으로 성숙하면 성숙할수록 더욱더 자기 정체성이 분명해지면서 자유인으로서 책임감을 갖게 됩니다. 그리하여 자기 시대에서 애통하는 자로 눈물을 많이 흘리게 됩니다.

3. '죄'는 단순히 나 개인의 악행이라는 차원을 넘어서는 것입니다. 그렇다면 이 '죄'는 무엇을 말합니까?

4. 죄 고백을 통해 참자유를 누린 경험이 있습니까? 어떤 경우였습니까? 지금 하나님께 고백할 죄는 없습니까?

예언자 예레미야는 그 시대의 예언자로서 분명한 자기 인식을 가진 사람이었습니다. 그는 그 시대 어느 누구보다 흠 없이 살다 간 사람이었습니다. 그럼에도 불구하고 그 시대적 상황에서 자기 백성들 때문에 눈물이 마를 날이 없었습니다.

심지어 그는 흘릴 눈물이 없어서 자기의 머리가 눈물로 가득 차 있는 샘물이 되게 해 달라고 하나님께 구했습니다. 그렇지만 그에게는 그 현실을 도피해서 자기만을 위해 깨끗하게 사는 사람들보다 더 큰 위로와 자유함이 있었습니다.

그러나 우리가 현실에서 책임을 다했다 하더라도, 그것이 하나님 앞에서 우리의 의가 되지는 못합니다. 왜냐하면 우리는 모두 하나님께 빚을 진 사람들이기 때문입니다. 그 빚은 '어떤 것'이 아닙니다. 우리가 하나님께 진 빚은 양적으로 많고 적음을 계산할 수 있는 것이 아닙니다.

신학자 칼 바르트는 "우리는 그의 피조물이기 때문에 우리 자신을 빚지고 있다. 우리는 그의 선하심에 따라 양육되고 떠받쳐지고 있다"고 말했습니다. 그러므로 우리는 하나님 앞에서 우리의 책임을 다하고 난 후에 "우리는 무익한 종이라. 우리의 하여야 할 일을 한 것뿐이라"(눅 17:10)고 고백할 수밖에 없습니다.

우리가 하나님께 빚을 지고 있다는 것은 우리는 모두 죄인이라는 뜻입니다. 죄는 하나님께서 매우 심각하게 다루시는 문제입니다. 예수 그리스도의 십자가는, 죄의 심각성과 함께 그에 대한 용서를 보여 줍니다. 하나님께 죄 용서란 어떤 부분적인 행위가 아니라 하나님의 마음 그 자체입니다. 하나님이 하신 구속 역사의 핵심이 죄 용서입니다. 그러므로 주기도의 이 기원은 우리의 현재와 미래, 영원한 운명 안에 있는 깊은 요구로부터 나오는 기도입니다.

하나님의 용서 없이는 현재나 미래나 영원 안에 있는 우리의 삶은 희망이 없습니다. 매우 암담합니다. 그러므로 이 기원은 우리 인간 실존에서 다른 어떤 것보다 우선되는 기도입니다. 이것은 삶과 죽음 양자에서 분리될 수 없는 필연적 간구입니다.

그런데 이 하나님의 용서는 하나님과 나만의 관계로 끝나는 것이 아닙니다. 이 용서는 우리들의 삶의 관계에서 구체적인 행동으로 나타나야 합니다. 사회적 반응을 필요로 하는 것입니다. 이것은 우리의 용서가 하나님의 용서를 유발한다는 의미가 아닙니다. 이 기원에 "우리가 우리에게 죄 지은 자를 사하여 준 것같이"라는 조건문 형식이 있는데, 이것은 하나님의 용서를 위해 우리 편에서 먼저 제시하는 조건이 아닙니다. 하나님 앞에서 우리의 용서는 채권자 관계에서가 아니라 채무자 관계에서 나타나는 것이

5. 당신은 자신이 하나님의 용서를 받은 사람이라고 확신합니까? 그렇다면 그 용서를 흘려보내야 할 사람은 누구입니까?

6. 마태복음 18장 23절부터 35절을 소리내어 읽어 봅시다. 다 읽은 후에는 내가 용서를 흘려보내야 할 사람을 위해 기도합시다.

기 때문입니다.

마태복음 18장 23절부터 35절에는 한 비유가 나옵니다. 왕에게 엄청난 빚을 진 종이 그 빚을 도저히 갚을 수 없게 되자 왕이 그의 빚을 다 탕감해 주었습니다. 빚을 탕감 받은 종은 자기에게 빚진 동료의 빚을 탕감해 주는 행위로 탕감 받은 자의 반응을 나타내야 했습니다. 그런데 그 종은 그것을 거절함으로써 왕의 탕감 자체를 무익한 것으로 만들었습니다.

하나님의 용서는 새로운 삶 그 자체입니다. 하나님께로부터 선물로 받은 새로운 삶은 우리의 관계 속에서 나타나야 합니다. 새로운 삶의 반대인 낡은 삶은 어떤 것입니까? 분열, 미움, 적대감, 비방, 닫힘입니다. 새로운 삶은 이러한 것들로부터 해방되는 것입니다.

우리가 다른 사람을 용서한다는 것은 상대방의 잘못을 없던 일로 한다든지, 잊어버린다든지, 원상태로 돌려 놓는다는 의미가 아닙니다. 분명히 손해가 있고 상처가 있고 아픔이 있더라도, 그럼에도 불구하고 더 이상 상대방을 그 실수와 아픔과 원한에 묶어 놓지 않고 해방시켜 주는 것을 의미합니다. 그리고 우리 자신도 그것으로부터 자유케 되는 것을 의미합니다.

우리는 우리의 상한 감정과 아픔과 선입견에 상대방을 묶어 놓습니다. 또한 우리 자신 역시 다른 사람에게 묶여 있습니다. 그리고 마음의 담을 쌓습니다. 이것은 결국 하나님의 용서를 거절하는 행위입니다. 진정한 의미에서 하나님의 용서는, 그러한 모든 것들로부터 우리를 해방시키는 것입니다. 용서한 대상을 공동체의 일원으로 받아들이는 것입니다. 그러나 우리는 우리와 적대 관계에 있는 이웃을 소외시키고 따돌립니다. 용서는 그 소외의 벽을 허무는 작업입니다.

사회적으로 용서는 악의 확산을 방지하고 진정시킵니다. 구약 시대에 모세는 이스라엘 공동체 안에서 악의 확산을 막기 위해 '눈은 눈으로, 이는 이로 갚으라'는 무서운 율법을 제정했습니다. 그러나 예수께서는 "누구든지 네 오른편 뺨을 치거든 왼편도 돌려 대며"(마 5:39)라고 하셨습니다. 예수님은 악을 악으로 대항하지 말고, 용서로 그것을 흡수하라고 하셨습니다.

오늘 우리가 살고 있는 이 지구촌 곳곳에는 종족간에 용서와 화해가 없기 때문에 수백 년 동안 이루어 놓은 아름다운 문화 유산으로 가득 찬 도시들이 초토화되어 가고, 죄 없는 어린이와 부녀자들이 무참히 살해당하고 있습니다. 용서는 창조를 만들어 내지만 미움과 적대는 파멸만을 낳을 뿐입니다. 용서는 어느 개인이나 어느 특정 종족이 독점할 수 없는 것입니다. 하나님의 용서는 다른

7. "우리가 우리에게 죄 지은 자를 사하여 준 것같이 우리 죄를 사하여 주옵시고"라는 기도는 조건문이 아닙니다. 용서의 의미를 각각 개인적 차원과 사회적 차원으로 나누어 정리해 봅시다.

사람에게 반드시 전달되어야 할 새 생명의 흐름입니다.

다시 말하지만 주기도의 다섯번째 기원인 "우리가 우리에게 죄지은 자를 사하여 준 것같이 우리 죄를 사하여 주옵시고"는 조건이 아닙니다. 이 기도는 매일 매일 하나님의 용서 없이는 살 수 없는 우리들이 하나님께 용서를 구하면서, 다른 사람을 용서하기를 거절하는 '분열증'과 대항해서 싸워 가겠다는 결의이자 다짐입니다. 하나님께 죄 탕감을 구하는 우리의 필요와 우리에게 죄 탕감을 구하는 이웃의 요구는 결코 분리될 수 없습니다.

이 세속 사회에서 그리스도인의 삶의 진실성을 나타내 보일 수 있는 가시적인 행위는 우리에게 용서를 구하는 이웃에게 용서를 거절하지 않는 것입니다. 하나님은 우리가 구하는 용서를 거절하지 않으셨습니다. 그렇게 용서받은 자인 우리 그리스도인은 이웃의 채무 탕감 요구를 거절할 수 없습니다.

나의 이웃이 나에게 많은 빚을 졌기 때문에 내가 매우 곤고한 가운데 있다는 것은 엄연한 현실입니다. 그럼에도 불구하고 그 빚을 탕감해 주기를 거절하지 않는 것이 그리스도인의 진실성입니다.

죄 용서의 기도

하늘에 계신 우리 아버지여,

제가 살고 있는 이 세속 사회 속에서

일용할 양식을 위해 사는 삶은 매우 고달픕니다.

조그맣게 불씨처럼 남아 있는 도덕적 양심에도

이것이 고통이 되고 괴로움이 될 때가 많습니다.

죄책감에서 오는 갈등과 분열의식을 가질 때가 많습니다.

아버지, 제가 좀더 적극적인 자세로 서게 해 주십시오.

저는 이미 하나님께 다 용서받은 사람입니다.

하나님께서 저를 받아 주셨고 하나님의 자녀로 삼아 주셨으며

자유인으로 세워 주셨습니다.

그리고 하나님 나라 백성으로서

오늘의 현실에서 새로운 사명을 주셨습니다.

제가 분명한 정체성을 갖게 하시고

오늘의 현실 가운데서 책임 있는 존재로 설 수 있게 해 주옵소서.

그리고 늘 하나님 아버지께 간구하게 해 주옵소서.

저는 한 순간도 하나님 아버지의 용서 없이는

살아갈 수 없습니다.

그런데 제가 어떻게 ○○○를 용서하지 않을 수 있겠습니까?

제가 그를 용서하지 않는다는 것 자체가

하나님의 용서를 받아들이지 않는 것입니다.

제가 진정 이것을 깨닫게 해 주옵소서.

제가 인격의 분열 속에 사는

분열증 환자가 되지 말게 해 주옵소서.

이것을 극복해 가고

하나님 나라의 소망을 향해 나아가게 해 주옵소서.

예수 그리스도의 이름으로 기도합니다. 아멘.

우리를 시험에 들게 하지 마옵시고

오늘 공부할 내용은 주기도의 여섯번째 기원인 "우리를 시험에 들게 하지 마옵시고"입니다. 독일의 종교개혁자 마틴 루터는 밤에 잠자리에 들기 전 주기도의 다섯번째 기원인 "우리 죄를 사하여 주옵시고"라는 기도를 드리고, 아침에 일어나서 여섯번째 기원인 "우리를 시험에 들게 하지 마옵시고"라는 기도를 드렸다고 합니다.

정체성이 분명한 그리스도인이라면 누구나 그 날 하루의 일과를 마치고 잠자리에 들기 전 하나님께 죄 용서를 구하는 기도를 드리지 않을 수 없고, 다음 날 하루를 시작하기 전 시험에 들지 않게 해 달라는 기도를 드리지 않을 수 없습니다. 그렇게 할 수밖에 없는 것은 우리가 하늘나라에서 사는 것이 아니고 이 세상이라는 현실에서 살고 있기 때문입니다.

우리의 현실에서는 어느 시대 어느 장소를 불문하고 시험을 받지 않고는 살아갈 수 없습니다. 시험은 우주적이면서도 여러 가지 다양한 얼굴로 우리를 공격해 오기 때문에, 여간한 분별력과 영적 무장 없이는 대처해 가기가 어렵습니다.

시험은 특수한 상황에서만 우리를 찾아오는 것이 아닙니다. 시험은 아주 평범한 일상적인 삶의 상황에서 우리를 위협합니다. 일상적인 삶의 상황에서 우리에게 무엇이 좀 결핍되었을 때 그 결핍 자체가 시험의 동기가 되곤 하는 것입니다.

구체적으로 말하자면, 질병, 가난, 불명예에 부딪치거나 우리의 의견, 충고, 계획, 말, 행동이 무시당하거나 받아들여지지 않을 때, 우리는 좌절과 흥분과 비애와 적개심을 품게 됩니다. 그 때 우리는 자신도 모르게 이미 시험 가운데 있게 됩니다. 처음부터 그것이 시험으로 들어가는 것임을 알면 다행이지만, 그렇지 않고 우리의 감정을 정당한 것으로 생각하고 거기에 빠져들어갈 때에는 결국 시험에 들게 됩니다.

또한 우리의 욕구가 시험의 동기가 되기도 합니다. 명예심, 영웅심, 탐욕, 허영심, 성적 욕망, 집착, 교만, 성공 같은 것들이 우리를 시험의 구렁텅이로 몰아넣습니다. 이러한 것들에 사로잡힐 때 우리는 노예가 되어 빠져 나오기 어려워집니다.

시험의 은밀성을 잘 알고 있었던 시편 기자는 하나님께 이렇게 기도했습니다.

"여호와여, 나를 살피시고 시험하사 내 뜻과 내 마음을 단련하소서"(시 26:2).

시인은 자신의 뜻을 하나님께 검증받기를 원했습니다. 그는 하나님 앞에서 정직하기를 원했습니다.

로메이어라는 신학자는 신구약 성서를 '시험의 책'이라고 했습니다. 성서를 읽어 보면 창세기부터 계시록까지 시험으로 일관되어 있다는 것을 발견하게 됩니다. 에덴 동산에서 아담과 하와가 겪은 시험으로부터 신약성서 마지막 책인 계시록에 이르기까지 혹독한 시험이 나타나 있습니다.

성서를 시험의 책이라고 볼 때, 하나님과 인간의 관계에서 흔히 하나님이 인간을 시험하시는 것으로 생각하기 쉽습니다. 그러나 결코 그렇지 않습니다. 성서에서 시험의 주체자는 인간입니다. 하나님이 인간을 시험하신 것이 아니고 인간이 하나님을 시험했습니다. 성서에 나타나 있는 사람들이 하나님을 시험한 것은 그들이 약해서라기보다는 하나님의 약속에 대해 깊은 확신이 없었기 때문입니다.

성서의 관점에서 '믿음'은 인생 행로의 안전 보장이나 보증이 아닙니다. 믿음은 현실에 안주하지 않고 약속의 미래로 모험하게 하는 역동성입니다. 그러므로 믿음으로 시

1. 내가 일상적인 상황에서 자주 당하는 시험은 구체적으로 어떤 것들입니까? 그러한 시험을 극복하지 못하고 있다면 그 이유는 무엇입니까?

2. 이 여섯번째 기도는 현실적으로 우리의 삶의 상황을 어떤 의미로 받아들이는 것입니까?

작되는 모험의 길에는 생의 위기와 불안이 있습니다. 인간의 이성
으로는 받아들일 수 없는 일들이 너무 많습니다. 현실이라는 삶의
상황 자체가 약속의 현실과는 너무 차이가 많습니다. 그러한 현실
들이 시험이 되곤 합니다.

하나님의 약속을 믿고 고향과 친족을 떠났던 아브라함의 생의 모
험 길에는 그로서는 감당하기 어려운 위기와 위험이 너무 많았습
니다. 모세의 인도를 따라 출애굽한 이스라엘 백성에게 광야라는
현실은, 하나님의 약속을 믿기에는 너무나 어려운 상황이었습니다.
거기서 그들은 모세를 원망하고 불평하며 애굽을 그리워했습니다.
그 시험에서 끝까지 인내하며 약속을 붙잡고 나아간 사람은 구원
을 얻었고 그렇지 못한 사람은 파멸했습니다.

그러므로 성서적 관점에서 볼 때, 시험은 '유혹'이라기보다 '테
스트'입니다. 주기도에 나오는 '시험'이라는 용어도 영어로 'test
trial'입니다.

우리 자신이 주체가 된 시험이 아닌, 다른 객체 때문에 받는 시
험도 있습니다. 인간은 로빈슨 크루소처럼 무인도에서 혼자 살지
않고 사회 공동체에서 다양한 관계 가운데 살고 있기 때문에 다른
대상에 의해 시험을 받을 때가 많습니다.

에덴에서 아담과 하와가 받은 시험이 그 대표적 예입니다. 그들
은 에덴에 있던 뱀 때문에 시험을 받았습니다. 창세기 저자는 여기
서 다른 대상으로 인해 시험을 받게 된다는 사실을 말해 주고 있
습니다. 요셉 역시 보디발의 아내로부터 시험을 받았습니다. 다윗

도 밧세바라는 여인으로 인해 시험을 받았습니다. 이처럼 관계성에서 당하는 시험은 반드시 이성에게서만 받는 성적인 것에 국한되지 않습니다.

어느 시대에서나 우리의 현실 문화 자체가 매혹적인 시험의 대상이 됩니다. 사도 바울은 이러한 문화적 시험에 대해 이렇게 경고하는 권면을 하고 있습니다.

"너희는 이 세대를 본받지 말고 오직 마음을 새롭게 함으로 변화를 받아 하나님의 선하시고 기뻐하시고 온전하신 뜻이 무엇인지 분별하도록 하라"(롬 12:2).

또한 사도 요한은 이 세상 문화에 대해 이렇게 경고합니다.

"이는 세상에 있는 모든 것이 육신의 정욕과 안목의 정욕과 이생의 자랑이니 다 아버지께로 좇아 온 것이 아니요 세상으로 좇아 온 것이니라"(요일 2:16).

여기서 "육신의 정욕과 안목의 정욕"은 세상 가치에 사로잡혀 있는 것이요, "이생의 자랑"은 허세적인 이기주의를 말합니다. 이처럼 이 세상 것들의 특징은 우리를 매혹시키는 것입니다.

3. 인간이 시험의 주체자가 될 때는, 하나님의 약속에 대한 깊은 확신이 없어서 하나님을 시험하게 됩니다. 그런데 인간이 다른 객체로 인해 당하는 시험의 경우, 그 대상과 시험의 내용은 무엇입니까?

그 다음으로 성서에서는 인간을 시험하는 대상으로서 사탄을 말하고 있습니다. 성서에서는 특별히 마지막 때의 큰 시험으로 사탄과 관련된 시험을 말씀합니다. 각 복음서에서, 그리고 계시록에서 언급하고 있는 장차 일어날 매우 어려운 시험은 모두 사탄과 관련되어 있습니다. 성서에서 말씀하는 이 시험은 우리가 겪어야 할 마지막 시험입니다. 이 시험은 일상적인 현실에서 접했던 시험과는 달리 우리가 최종적으로 구원받은 자로 하나님 앞에 서느냐 그렇지 못하느냐와 관련됩니다.

주기도의 여섯번째 기원은 바로 이 시험을 내다보면서 하나님의 도움을 구하는 간구입니다. 사도 바울은 이 시험에 대해 이렇게 말씀합니다.

"우리의 씨름은 혈과 육에 대한 것이 아니요, 정사와 권세와 이 어두움의 세상 주관자들과 하늘에 있는 악의 영들에게 대함이라"(엡 6:12).

우리는 하늘에 있는 악의 영들과의 싸움에서 승리할 수 없습니다. 우리의 힘으로 대적하려고 할 때 우리는 모두 악의 영들의 밥이 될 수밖에 없습니다. 이 악의 영들과의 싸움에서 승리한 분은 오직 한 분 예수 그리스도뿐입니다.

예수께서는 공생애를 시작하시기 전 광야에서 사탄에게 시험을 받으셨습니다. 사탄의 시험은 처음부터 마지막까지 전부 성서를 인용해서 이루어졌습니다. 그러나 그 성서의 인용은 매우 왜곡된 것이었습니다. 예수님은 유혹자의 그 숨은 의도를 꿰뚫어 보시고 그 시험을 이기셨습니다. 예수님의 십자가는 유혹자인 사탄의 머리를 완전히 부수어 버린 승리의 상징이었습니다.

에덴에서 최초의 인간을 시험에 들게 한 사탄이 여인의 후손에 의해 완전히 패하고 말았습니다. 그 결과 시험의 역사는 예수 그리스도에 의해 종결되었습니다. 그래서 예수께서는 "세상에서는 너희가 환난을 당하나 담대하라. 내가 세상을 이기었노라"(요 16:33)고 말씀했습니다.

세상에서 시험을 이긴 예수 그리스도는 지금도 하나님 우편에 앉아 계셔서 하나님을 아버지로 부르는 우리와 하나님 사이에 영원한 대제사장이요 중보자로 계십니다. 히브리서 저자는 이렇게 말씀합니다.

"그러므로 우리에게 큰 대제사장이 있으니 승천하신 자, 곧 하나님 아들 예수시라. 우리가 믿는 도리를 굳게 잡을지어다. 우리에게 있는 대제사장은 우리 연약함을 체휼하지 아니하는 자가 아니요, 모든 일에 우리와 한결같이 시험을 받은 자로되 죄는 없으시니라. 그러므로 우리는 긍휼하심을 받고 때를 따라 돕는 은혜를 얻기 위하여 은혜의

4. 에덴에서 최초의 시험에 패배한 인간이 사탄의 마지막 시험에서 능히 승리할 수 있는 근거는 무엇입니까?

보좌 앞에 담대히 나아갈 것이니라"(히 4:14-16).

시험이 있는 일상적인 삶의 현장에서 우리가 이 주기도의 여섯 번째 기원을 드릴 수 있는 증거는, 예수 그리스도께서 영원한 대제사장이시며, 그분이 우리와 같은 시험을 당하셨고, 이기셨으며, 우리를 돕는 분이시라는 데 있습니다.

하나님은 우리를 시험으로 인도하시는 분이 아닙니다. 오히려 시험을 받아 멸망할 자리에서 우리를 떠나게 해 주십니다. 그리고 그 시험을 이겨 가게 해 주십니다. 예수 그리스도를 믿기 전과 믿은 후의 큰 차이점은 여기에 있습니다. 그 전에는 시험 가운데서 영원한 형벌의 상황에 있었지만, 예수 그리스도를 믿은 후부터는 그러한 형벌의 자리에서 영원한 생명의 자리로 옮겨졌습니다.

그러나 그 영원한 생명의 약속을 향한 희망 가운데서 신앙의 모험의 길을 가고 있는 우리들에게도 시험이 있습니다. 그 시험은 하나님이 우리를 시험하시는 시험이 아닙니다. 사도 야고보는 이 문제에 대해 이렇게 말씀합니다.

"사람이 시험을 받을 때에 내가 하나님께 시험을 받는다 하지 말지니 하나님은 악에게 시험을 받지도 아니하시고 친히 아무도 시험하지 아니하시느니라"(약 1:13).

하나님은 우리를 시험하지 않으십니다. 우리가 시험을 받는 것은 현실에 몸담고 있는 우리가 그 가운데서 욕심, 불신앙, 기도 부족, 조급함, 불순종, 감사함 없는 마음 같은 태도를 갖기 때문입니다. 그러나 하나님은 우리가 감당치 못할 시험은 허락하지 않으십니다.

복음서 기자들이 전해 주는 분명한 메시지는 시험의 왕국은 점점 사라져 가고 있고 하나님의 왕국이 오고 있다는 희망의 미래입니다. 그러나 그 시험의 왕국이 사라져 가는 뒤안길에는 많은 덫과 위험의 구렁텅이가 있다고 경고해 줍니다. 그것은 마치 전쟁 직후의 상황과 같습니다. 전쟁에 패한 적군이 후퇴한 곳에는 각종 지뢰가 매설되어 있고, 퇴각하는 그들이 매복해 있다가 갑자기 덮칠 때도 있으며, 퇴각하는 과정에서 말로 표현할 수 없는 잔인한 행동을 저지르기도 합니다.

이제 시험의 왕국은 오고 있지 않고 가고 있습니다. 그러나 우리가 시험에 동조한다면 사라져 가고 있는 이 어둠의 세력에 사로잡혀, 오고 있는 희망의 하나님 나라와는 점점 멀어질 것입니다. 그러한 삶에 비록 육적인 쾌락이 있고, 일시적인 성공이 있고, 부의 축적이 있다 해도 다 무의미한 것입니다. 그것은 속임수입니다. 우리는 사라져 가고 있는 시험의 왕국의 자녀로 태어난 것이 아니고, 오고 있는 하나님 나라의 자녀로 태어나서 부름받았습니다.

5. '시험'과 관련하여 지금까지 하나님을 오해하고 있었다면 어떤 것입니까? 이제 '시험'에 대해 어떤 태도를 지녀야 하겠습니까?(요 16:33; 히 4:14-16; 약 1:13)

6. 성서적 관점에서 시험의 궁극적인 목적은 무엇입니까? 그 사실이 지금 당신에게 어떤 영향을 끼칩니까?

그러므로 우리는 오고 있는 하나님 나라를 바라보면서 '시험에 들지 않도록' 기도해야 합니다. 그리고 이 기도와 함께 해야 할 일이 있습니다. 그것은 '하나님의 전신갑주'를 입는 것입니다. 그 전신갑주는 진리의 허리띠, 의의 호심경, 평안의 복음의 신, 믿음의 방패, 구원의 투구, 성령의 검 곧 하나님의 말씀, 그리고 기도입니다(엡 6:13-17). 우리가 주기도의 이 여섯번째 기도를 드린다는 것은 이처럼 우리의 무장을 매일 매일 점검한다는 의미입니다.

마지막 시험은 일상적인 시험에서 믿음의 연단을 받은 사람만이 극복할 수 있습니다. 시편 기자는 시편 1편에서 "악인은 바람에 나는 겨와 같아서 심판을 견디지 못한다"고 했습니다. 그러나 의인은 시냇가에 심은 나무 같아서 의인들의 회중에 함께 동참할 수 있습니다. 특히 요즘 같은 과학주의 시대, 다원주의 시대에 하나님을 시인하고 그분에게 충성할 수 있기 위해 우리는 이 기도를 늘 드려야 합니다.

시험을 이기는 기도

하늘에 계신 우리 아버지여,
사람은 이 세상에 태어나면서부터 늘 시험 가운데 삽니다.
태어나는 그 순간부터 저 자신이
시험의 요인이 되는 것들을 많이 가지고 있습니다.
그리고 제가 살고 있는 문화적인 상황과 문명 자체가
시험의 대상으로 늘 저를 찾아오고 있습니다.
사탄은 우는 사자처럼 삼킬 자를 두루 찾고 있습니다.

그러나 사탄의 왕국은 지나가고 있으며,

십자가와 부활로 승리하신 예수 그리스도 안에서

하나님의 나라가 오고 있다는 것을 알았습니다.

저는 그 나라의 백성으로 부르심을 받았습니다.

제가 시험에 들지 않게 해 주옵소서.

그리고 마지막 시험을 통과할 수 있게 해 주옵소서.

저의 믿음이 이 세속 사회에서 연단되게 해 주옵소서.

나약한 믿음, 꺼져 가는 믿음,

사소한 문제에도 포기하는 믿음이 되지 않게 해 주옵소서.

이 세상에서 어떠한 유혹과 시험과 도전이 오더라도

하나님 나라를 위해서 창조적으로 극복할 줄 아는

슬기와 지혜와 적극성을 주옵소서.

예수 그리스도의 이름으로 기도합니다. 아멘.

다만 악에서 구하옵소서

오늘 배울 내용은 주기도의 마지막 기원인 "다만 악에서 구하옵소서"입니다. 주기도는 지극히 높으신 분, 영원히 살아 계시며 거룩한 이름을 가지신 하나님으로부터 시작해서 어둡고 깊은 지옥과 관련된 악의 문제로 끝을 맺습니다.

지금까지 우리가 반복해서 묵상해 오며 확인하고 있는 바이지만, 주기도는 '하나님의 이름과 나라와 뜻'으로 시작해서 '일용할 양식'이 그 중심이 되고, '시험의 문제'가 그 다음에 이어지며, 지옥의 문제와 관련된 '악의 문제'로 마감됩니다.

주기도의 높이와 깊이는 개인의 차원을 넘어서 우주적 현실로 확대되어 있습니다. 그러한 의미에서 "다만 악에서 구하옵소서"라는 이 기원은 매우 중요합니다. 이 기원은 한 개인의 문제에만 국한된 것이 아니고 우주 전체의 운명과도 관련되어 있습니다. 이는 곧 기독교 신앙에서 구원이 개인의 차원을 넘어선다는 것을 의미합니다.

대학 시절, 군에 입대하라는 소집 통보를 받고 동료들과 함께 논산 훈련소로 가는 과정에서 부적을 지니고 있는 동료들을 보았습니다. 그들은 그 부적을 몸에 깊숙이 간직하고 있었습니다. 그들이 그렇게 부적을 소중하게 간직하는 이유는 군 복무 기간 중에 일어날 수 있는 불행한 일에서 보호받기 위해서였습니다. 실제로 그 부적이 군복무 기간 중 얼마만큼 재난을 면하게 해 주었는지는 확인하지 못했지만, 어느 정도 심리적인 안정은 주었으리라 생각합니다.

사람은 누구나 전쟁, 기근, 질병, 재난 같은 어두운 일의 위협을 받으며 살아가고 있습니다. 그래서 그러한 위협에서 보호받거나 구원받기 위해 자기 나름대로 자구책을 강구하며 살아갑니다. 그러나 재난은 우주적인 특성을 가지고 있어서 개인의 능력으로 통제할 수 없을 때가 많습니다. 그러한 경우에는 속수무책입니다. 그러한 우주적 재난이나 불행 앞에서 전적으로 무력한 존재인 인간은 자기보다 월등한 힘을 가진 존재에게 구원을 호소할 수밖에 없습니다.

신약성서, 특히 주기도에 나타나 있는 '구한다' 는 말은 반드시 우주적인 재앙에서 구원한다는 뜻보다는, 삶의 현실에서 부딪치는 온갖 곤경으로부터 구원하거나 구조하거나 해방한다는 뜻을 포함하고 있습니다. 인간이 삶의 현실에서 당하는 곤경은 그 상황에 따라 다릅니다. 예를 들어 기근, 질병, 재난, 불의의 사고, 적들의 위협, 독재자, 전쟁, 핵의 위협 같은 것들이 있을 수 있습니다. 이러한 것들은 다 생명을 파괴하고 죽음을 가져다 줍니다.

구약성서의 시편이나 예언서에는, 생의 각기 다른 상황에서 발생되는 곤경 가운데서 하나님께 구원을 요청하는 부르짖음이 많이 나타나 있습니다. 특별히 시편 기자는 자신이 처한 여러 가지 곤경 가운데서 하나님께 구원을 부르짖습니다. 시인이 처해 있는 곤경의 상황은 원수들의 위협, 가난한 자와 궁핍한 자를 위한 구원의 간구, 죄, 악한 자의 손, 곤경, 환난(시 143:9, 82:4, 39:8, 34:17, 54:7) 등입니다. 시인은 그토록 여러 가지 곤란한 처지에서 구원자이신 하나님께 구원을 호소합니다.

그런데 성서가 우리에게 분명히 말씀하는 것은, 인생의 온갖 곤란에서 인간을 구원하는 참된 힘은 오직 하나님께로부터 온다는 사실입니다. 그러므로 생의 온갖 곤경 가운데서 하나님 아버지께 구원을 부르짖으라고 말씀합니다. 인간이 생의 곤경에서 하나님께 구원을 요청할 수밖에 없는 것은 그러한 곤경들이 인간을 완전히 파멸시키는 어둠의

1. 당신이 과거에 처했던 곤경은 구체적으로 어떤 일들입니까? 그 가운데서 '구원'을 받은 적이 있습니까? 그렇다면 하나님께 감사와 찬양의 기도를 올려 드립시다.

권세와 관련되어 있기 때문입니다.

오늘 주기도에는 그 어둠의 권세가 '악' 또는 '악한 자'로 나타나 있습니다. 구해 주시되 악에서, 또는 악한 자에게서 구해 달라는 것입니다. 이처럼 악의 힘은 언제나 인격화되어 나타납니다. 그럴 때 악은 '악한 자'가 됩니다. 악의 힘이 인격화된다는 것은 인간이 악의 힘에 사로잡힌다는 것을 의미합니다. 인간이 악의 힘에 사로잡힐 때 통제할 수 없는 괴물이 되어 버립니다.

독일의 신학자 헬무트 텔리케는, 제2차세계대전이 끝날 무렵 연합군이 자신의 고향 슈투트가르트를 점령한 직후에, 주기도의 이 구절에 대해 이렇게 설교했습니다.

"사랑하는 여러분, 우리는 이 시대에 살면서 악마적인 힘을 너무도 많이 경험해 왔습니다. 우리는 사람들과 모든 단체가 이해할 수 없는 신비한 힘에 의해서 원하지 않는 곳으로 이끌려 가며 어떻게 부패되고 조종되는지를 경험하고 보아 왔습니다.

우리는 어떤 이상한 영이 사람들을 몰고 다니며, 전에는 아주 점잖고 합리적이었을 것 같은 사람들을 어떻게 바꾸어 놓았는지 너무나 많이 보아 왔습니다. 악령은 사람들로 하여금 전에는 전혀 그럴 수 없을 것 같은 일들, 즉 야만적인 행위나 권력에의 망상, 정신병적인 발작 등을 일으키게 합니다.

해마다 우리는 오염된 환경이 우리가 살고 있는 지구를 점차 뒤덮어 가는 것을 보아 왔습니다. 그리고 공중에 있는 악령들의 존재가 얼마나 실재적이며 만질 수 있을 만큼 명백한지를 감지하고 있습니다. 또한 보이지 않는 손이 보이지 않는 독약의 잔을 이 나라에서 저 나라로 옮겨 가며 사람들을 혼란으로 던져 넣는 것을 목격하고 있습니다.”

제1차세계대전 후 칼 융은 독일의 환자들이 자기에게 말한 꿈에 의거해서 이렇게 예언한 바 있습니다.

“금발 머리 야수가 지하의 감옥에서 뛰쳐나와 세계를 황폐하게 만들려고 손꼽아 때를 기다리고 있다.”

그가 이 예언을 한 것은 히틀러가 권력을 장악하기 몇 해 전의 일이었습니다.

악의 힘은 인간의 능력으로는 통제 불가능합니다. 인간이 악의 힘에 사로잡힐 때 무서운 괴물로 나타납니다. 그 결과 하나님의 창조 질서를 파괴하고 온 세상을 황폐하게 만듭니다.

“다만 악에서 구하옵소서”라는 기도는 단지 재난과 고통과 질병에서만 구원해 달라는 뜻이 아닙니다. 이 현실에 있는 악의 힘에서 구원해 달라는 의미입니다. 인간의 본성은 쉽게 악으로 빠져 버릴 수 있는 경향성

2. “다만 악에서 구하옵소서”라는 기도는 무슨 뜻입니까?

3. 텔리케의 설교에서 느낀 점이 있다면 무엇입니까?

을 가지고 있습니다. 악에 빠져 버린 사람에게 생명의 가치나 창조의 아름다움, 도덕적 질서 같은 것은 안중에도 없게 됩니다.

신앙의 경주에서 우리보다 앞서 달려간 훌륭한 믿음의 증인들의 위대함은 그들이 이 세상에 살면서 고난, 재난, 질병, 죽음에서 보호받았다는 데 있지 않습니다. 그들은 누구보다 더 많은 환난과 역경을 겪었습니다. 그러면서도 그들은 악의 힘에 빠져들지 않았습니다. 그들 가운데는 자신에게 아픔과 상처를 준 대상에게 무서운 증오와 복수심으로 보복할 수 있는 기회가 있었는데도, 그 증오와 복수심에서 구원받아 원수를 자기의 아들로 삼은 분도 있습니다. 또한 그들 가운데는 자기의 오른편 뺨을 때리는 원수에게 저주를 퍼붓거나 욕하는 대신 왼뺨까지 돌려 댄 사람도 있습니다. 그들은 모두 '선으로 악을 이긴 승리자'들입니다.

믿는 사람이나 믿지 않는 사람 누구나 악에 빠지면 완전히 동물적인 흉악한 괴물로 바뀌어 버립니다. 그런데 악이 뿌리를 내리고 전진기지를 구축할 수 있는 요인은 밖에 있는 것이 아니라 인간의 내면에 있습니다. 그것은 바로 탐욕입니다. 탐욕은 온갖 악이 발생하는 진원지입니다.

특별히 오늘의 세속 문화에는 겉으로 보기에는 분별하기 어려운 악의 함정이 있습니다. 문화라는 화려한 옷을 입은 악은 우는 사자처럼 두루 다니며 삼킬 자를 찾아다닙니다(벧전 5:8).

예수님의 비유에 나오는 둘째 아들은 아버지와 함께 살면서, 멀리 바라다보이는 다른 세상, 아버지 없는 세상에 대한 동경을 가지고 있었습니다. 그 곳에는 심야까지 네온사인이 켜 있고 인간의 욕정을 만족시킬 수 있는 온갖 요소들이 다 있습니다. 그러나 둘째 아들이 아버지를 떠나 드디어 꿈을 실현하고 보니, 그것은 악의 함정이었습니다. 둘째 아들은 그 함정에 점점 깊이 빠져 인간으로서 지니고 있었던 고귀성과 신성한 긍지와 도덕성을 모두 잃어버렸습니다.

이러한 악의 정체를 일찍이 알게 된 지혜자는 이렇게 말합니다.

"악을 떠나는 것은 정직한 사람의 대로니 그 길을 지키는 자는 자기의 영혼을 보전하느니라"(잠 16:17).

금발머리 야수가 지하의 감옥에서 뛰쳐나와 우리를 삼키려고 하더라도, 우리는 좌절하거나 두려워할 필요가 없습니다. 왜냐하면 이 악의 권세는 예수 그리스도의 십자가에서 이미 궤멸되었기 때문입니다. 그러므로 지금도, 앞으로도 우리가 "다만 악에서 구하옵소서"라고 간구하는 것은 예수 그리스도의 승리에 동참할 수 있게 해 달라는 의미입니다.

4. 이 기도에서 '악'은 '어둠의 일'과 '어둠의 권세'를 가리킵니다. 나 자신, 내 가족, 내 친구나 주변 사람 가운데 이 기도가 필요한 이들은 없습니까? 지금 그들을 위해 기도합시다.

지난 시간에 공부한 것처럼 악의 왕국은 지나가고 있고, 하나님의 나라가 다가오고 있습니다. 사도 바울은 이 문제에 대해서 이렇게 말씀합니다.

"밤이 깊고 낮이 가까웠으니 그러므로 우리가 어두움의 일을 벗고 빛의 갑옷을 입자"(롬 13:12).

만약 지금 우리에게 가까이 다가오고 있는 시간이 낮이 아니고 밤이라면 우리에게는 희망이 없습니다. 우리는 자포자기할 수밖에 없습니다. 그러나 우리에게 다가오고 있는 시간은 밤이 아니고 낮입니다. 그렇기 때문에 우리는 하나님의 과수원에 한 그루의 사과나무를 심고 그것을 땀흘려 가꿀 수 있습니다. 그러한 일이 밤의 왕국을 위하는 일이라면 진정 허무할 수밖에 없습니다. 그러나 우리가 하는 일은 오고 있는 하나님 나라를 위한 일입니다.

우리가 이 현실에 살면서 악과 타협하지 않고 빛의 일에 참여하는 것은, 우리가 악의 왕국을 위해 부름받은 사람들이 아니라 오고 있는 낮의 왕국을 위해 부름받은 사람들이기 때문입니다. 사도 야고보는 이렇게 말씀합니다.

"그러므로 하나님께 복종하고, 악마를 물리치십시오. 그러면 악마는 달아날 것입니다. 하나님께로 가까이 가십시오. 그러면 하나님께서 가까이 오실 것입니다"(약 4:7-8상, 표준새번역).

악을 대적할 수 있는 힘의 근거는 우리에게 있지 않습니다. 우리의 힘으로는 불가능합니다. 우리는 오직 예수 그리스도의 이름으로 악을 물리칠 수 있습니다. 악이 가장 무서워하는 대상이 예수 그리스도이십니다. 복음서 기자들이 전해 주는 가르침이 바로 이

것입니다. 그들은 오고 있는 하나님 나라의 현실이 어떠한지를 보여 줄 때, 특별히 예수님 앞에서 귀신이 쫓겨나고 각색 병자들이 나음을 얻으며 가난한 자들에게 복음이 선포되고 있다는 점을 강조했습니다.

하나님을 가까이 하는 길은 그분의 창조 행위에 동참하는 것입니다. 그것은 서로 사랑하는 일이며 서로 섬기는 일입니다. 그리고 나아가서 열심히 복음을 전하는 것입니다. 우리가 이 세상에 나아가 전해야 할 복음의 내용은, 하나님 나라가 가까이 오고 있으니 어둠의 일에서 깨어나야 한다는 것입니다. 어둠의 일이란 곧 술취함과 음행과 방탕과 싸움과 시기입니다.

"다만 악에서 구하옵소서"라는 간구는 나 한 사람만을 위한 기도가 아닙니다. '우리'를 위한 기도입니다.

"다만 악에서 구하옵소서"라는 간구는 절망 중에 드리는 기도가 아닙니다. 희망 가운데서, 오고 있는 하나님의 시간을 바라보면서 드리는 기도입니다.

우리의 몸은 악의 도구로 이용되어서는

5. 요즘 일어나는 범죄들을 보면, 마치 악의 세력이 연합한 것처럼 훨씬 강력하고 거대화된 양상으로 나타납니다. 이 범죄 양상들을 보면서, 인간과 인류 사회에 대해 어떤 생각이 듭니까? 그럼에도 우리가 희망을 가지고 이 기도를 드릴 수 있는 근거는 무엇입니까?

안 됩니다. 오직 하나님 나라를 위해 의의 병기로 사용되어야 합니다. "(우리를) 다만 악에서 구하옵소서"라는 이 간구에는 우리 자신을 하나님 나라를 위해 내어놓는 새로운 결단과 삶의 시작이 포함됩니다.

악에서의 구원을 바라는 기도

하늘에 계신 우리 아버지여,

우리는 이 세상에 태어나서 어둠의 권세자인 악령에 사로잡혀

자신도 모르게 평생을 살아갈 때가 많습니다.

그러면서도 가장 정상적이요

가장 밝게 산다고 자부할 때도 있고

가장 도덕적으로 살고 있다고 자신을 내세울 때도 있습니다.

그러나 복음의 빛 가운데 저 자신을 비추어 볼 때

제가 얼마나 수시로 악에 사로잡혀

악의 병기로 살아가고 있는지 모릅니다.

그래서 주님께서는 저에게 악에서 구원해 달라고

간구하라고 말씀하셨습니다.

이 간구가 우리의 현실에서 얼마나 필요한지 모릅니다.

아버지, 제가 악에 사로잡히지 않게 도와 주옵소서.

우리가 악에 사로잡히지 않게 도와 주옵소서.

늘 오고 있는 하나님 나라를 위해 살아가는

제가 되게 해 주시고,

우리 교회가 되게 해 주시고,

한국 교회가 되게 해 주시고,

세계 교회가 되게 해 주옵소서.

주님, 밤이 깊었고 낮이 가까워 오고 있습니다.

부디 이 희망을 버리지 말게 해 주옵소서.

예수 그리스도의 이름으로 기도합니다. 아멘.

나라와 권세와 영광이 아버지께
영원히 있사옵나이다. 아멘.

드디어 주기도의 마지막 내용에 도달했습니다. 오늘 배울 내용인 "나라와 권세와 영광이 아버지께 영원히 있사옵나이다"는 지금까지 말씀드린 기원과는 다른 '송영' 입니다.

주기도의 마지막 내용인 이 송영은 본래 가장 오래된 신약성서 사본에는 없는 내용입니다. 로흐만 교수는 이 내용이 확인된 곳은 "기독교 역사 초기에 안디옥에 있었던 기독교인들의 그룹에서였다"고 했습니다.

주기도 마지막에 첨가된 이 송영이 후기에 첨가된 것임이 확인되었음에도 불구하고, 가톨릭에서나 개신교에서 계속해서 이 내용을 그대로 사용해 오고 있는 것은 매우 중요한 신학적인 의미가 있기 때문입니다. 그 신학적인 의미란, 이 송영이 지금까지 공부해

온 앞부분의 기원 내용을 확인해 주는 '보증'이라는 것입니다.

일반적으로 기독교 신앙을 가졌다고 하는 사람들의 경우, 특히 기도생활을 그래도 남다르게 한다고 하는 사람일수록, 자신의 기도 내용에 대한 보증을 자신의 체험이나 은사에 두는 분이 많습니다. 즉 하나님께 기도하는 자신의 마음이 뜨겁거나 주관적인 확신이 있을 때에는 그 기도의 유효성을 인정하지만, 마음에 확신이 없거나 은사의 체험이 없을 때에는 기도의 내용은 물론이거니와 기도 자체에 깊은 회의를 갖는 것입니다. 그러한 사람들의 경우, 하나님의 존재 유무 또는 기도에 대한 필요성이나 확신은 객관적인 것에 있지 않고 자기 중심적인 주관성에 있습니다.

만약 우리가 주기도를 드릴 때 그 내용의 보증 근거를 우리의 주관적인 체험에 둔다면, 우리의 마음이 뜨겁지 않거나 주관적인 체험이 소멸됨과 동시에 주기도의 내용 역시 무의미해질 수 있습니다. 이처럼 우리의 주관적인 체험에 따라 그 내용이 인정되기도 하고 인정될 수 없는 것이 되기도 하는 기원은 하나님께 드릴 필요가 없습니다.

우리가 주기도의 내용을 소중하게 다루는 것은 그 내용이 우리의 주관성에 좌우되지 않는다는 데 있습니다. 우리에게 확신이 있든 없든, 우리에게 은사의 체험이 있든 없든, 주기도의 내용은 하나의 엄연한 객관적인 진실로 남습니다. 그러므로 우울하든 기쁘든, 확신이 있든 없든, 이 간구의 기도를 하지 않으면 안 됩니다.

주기도의 내용에 대한 보증은 물론, 그 기도를 하나님께서 분명히 듣고 이루어 주신다는 보증이 바로 주기도의 마지막 부분인 송영입니다. 그러한 의미에서 이 송영은 매우 중요합니다. 만약 이 송영이 없다면 공증이 필요한 서류를 공증하지 않고 행정기관에 보내는 것과 같습니다.

이 송영은 주기도를 드리면서 의심으로 동요하거나 반신반의하는 우리의 마음을 확고하게 세워 줍니다. 주기도를 하나님께 드리는 사람은 확신의 근거를 자기 암시나 자기 억압, 자기 체험, 자기 느낌에 두어서는 안 됩니다. 자신의 경건이나 의에 두어서도 안 됩니다. 오직 하나님의 신실하심에 두어야 합니다.

이 마지막 송영에 나타난 세 가지 주제는 하나님께서 예수 그리스도를 통해 우리에게 주신 약속이며 희망입니다. 주기도를 하나님께 드리는 사람은 이 하나님의 약속에 믿음의 기반을 두어야 합니다. 로흐만 교수는 이 세 가지 주제는 주기도 내용 전체에 대한 "의심이나 동요로부터 구원해 주는 약속이며, 확고한 토대요, 파괴할 수 없는 목표"라고 했습니다.

이제 주기도의 보증인 이 송영의 세 가지

1. 하나님의 존재 유무나 기도에 대한 확신이 흔들린 때가 있었습니까? 어떤 경우였습니까?

2. 주기도의 마지막 송영에 나타난 세 가지 주제는 각각 무엇입니까? 주기도에서 이 송영이 중요한 이유는 무엇입니까?

주제를 하나씩 살펴봅시다. 먼저 '나라'입니다. 이 주제는 넷째날에 이미 나온 것입니다. 하나님의 나라는 주기도의 중심 주제입니다. 이 나라는 공간적인 개념이 아닙니다. 하나님의 나라는 모든 시험과 이 지상에 있는 모든 나라와 권력을 다 초월합니다. 이 나라에서는 예수 그리스도가 주 되시며, 그에게 미래가 속해 있고, 그의 나라는 영원합니다. 그 안에서는 모든 불확실한 것이 분명해집니다. 이 하나님의 나라는 다음 주제인 권세와 관련됩니다.

이 지상의 나라에는 공권력이라는 것이 있습니다. 그 공권력이 자유 민주주의 체제하에서 바르게 사용될 때에는 그래도 유익하지만, 그렇지 않을 때에는 많은 사람을 억압하는 도구가 되며 인간의 존엄성을 파괴하고 생명을 유린합니다. 정치적인 공권력뿐 아니라 오늘날 다국적 기업의 경제적인 힘이나 거대한 과학기술의 힘은 창조의 질서를 여지없이 파괴해 가고 있습니다.

주기도 송영의 두번째 주제인 '권세'는 이러한 세속적인 힘과는 다릅니다. 이 힘은 사람을 지배하고 억압하며 파괴로 향하는 힘이 아닙니다. 이것은 구원, 승리, 세움, 치유, 해방으로 향하는 힘입니다. 이 권세는 예수 그리스도의 십자가와 부활에서 극명하게 나타났습니다.

예수 그리스도의 십자가와 부활에 나타난 능력은 진리와 의를 위해 새로운 삶을 시작하게 하는 능력입니다. 이 능력은 용서하며 화해하는 사랑으로부터, 은혜의 영으로부터 옵니다. 이 사랑은 세상적인 사랑과는 다릅니다. 몸, 혼, 영의 요구를 구체화시키고 성육화시킵니다. 그리고 이 사랑은 공의를 조성해 갑니다. "권세가 아버지께 있사옵나이다"라는 이 송영의 빛 가운데서, 우리는 권세에서 공의로, 공의에서 사랑의 단계로 이르게 됩니다.

공의 없는 힘은 무제한적이며 파괴적입니다. 사랑 없는 공의는 냉혹하며 자비가 없습니다. 예수님은 네 이웃을 네 몸과 같이 사랑하라고 하셨습니다. 이웃에 대한 진정한 사랑이 공의를 세우며, 그 때 공의는 힘을 갖습니다. 사도 바울은 "사랑은 언제까지든지 떨어지지 아니하나 예언도 폐하고 방언도 그치고 지식도 폐하리라"(고전 13:8)고 했습니다.

마지막 주제는 '영광'입니다. 이 세상의 영광은 높은 지위에 앉는 것, 즉 다른 사람보다 앞질러서 이루는 성공에 있습니다. 그러나 그 영광은 매우 순간적입니다. 이 세상에서 인기와 영광은 상호 깊은 연관이 있습니다. 인기가 소멸되면 영광도 없습니다. 그러나 하나님의 영광은 그렇지 않습니다.

하나님의 영광은 십자가를 통해 그 의미가 분명히 드러났습니다. 하나님의 영광은 십자가에 달리심에서, 자기를 희생하는 사랑에서 나타나는 영광입니다. 사도 바울은

3. 송영의 세 가지 주제 중 '권세'와 '영광'은 십자가와 깊이 연관됩니다. 이해한 대로 정리해 봅시다.

4. 당신이 소망하고 기대하는 미래는 어떤 것입니까? 그 미래와 당신의 삶은 어떤 관련이 있습니까?

이 하나님의 영광에 대해 이렇게 말합니다.

"우리가 이 보배를 질그릇에 가졌으니 이는 능력의 심히 큰 것이 하나님께 있고 우리에게 있지 아니함을 알게 하려 함이라. 우리가 사방으로 우겨쌈을 당하여도 싸이지 아니하며, 답답한 일을 당하여도 낙심하지 아니하며, 핍박을 받아도 버린 바 되지 아니하며, 거꾸러뜨림을 당하여도 망하지 아니하고, 우리가 항상 예수 죽인 것을 몸에 짊어짐은 예수의 생명도 우리 몸에 나타나게 하려 함이라"(고후 4:7-10).

바울은 이 세상에서 살아가는 그리스도인의 삶을 우겨쌈, 답답한 일, 핍박, 거꾸러짐, 십자가를 짊어짐으로 표현했습니다. 그리스도인의 삶이 영원히 이러한 것들로 유지되어 간다면 우리는 낙심할 수밖에 없습니다. 그런데 바울은 그것이 아니라고 말씀합니다. 그렇게 하는 것이야말로 예수의 생명을 나타내게 하기 위함이며, 그 생명 가운데서 하나님의 약속으로 부름받고 있다는 것입니다.

그 하나님의 약속은 "하나님의 영광"(고후 3:8)입니다. 이 영광은 어디까지나 하나님의 영광입니다. 그리스도인은 이 하나님의 영광으로 부름받고 있습니다. 이 영광으로 향하는 그리스도인의 투쟁은 우리를 자기 의, 율법주의, 보상주의에서 벗어나게 합니다. 예수 그리스도는 이 하나님의 영광에 대한 비전을 열어 주셨습니다.

이 영광은 개인적인 면과 사회적인 면 모두를 포함합니다. 이 영광은 하나님의 완성이며 그의 미(美)입니다. 그리스도인은 이 영광의 약속으로 부름받고 있습니다.

이처럼 주기도의 궁극적인 목표점은 그의 나라와 권세와 영광입니다. 주기도는 우리를 그 곳으로 향하게 합니다. 그것에 대한 보증이 이 송영입니다.

"나라와 권세와 영광이 아버지께 영원히 있사옵나이다. 아멘."

송영의 기도

하늘에 계신 우리 아버지여,

저는 하나님 앞에 나아가서 무엇을 구하며

어떤 기도를 드려야 할지 망설일 때가 많습니다.

밤을 새워 가며 부르짖고

많은 시간을 기도의 시간으로 할애한다고 하지만

진정 무엇을 구해야 할지 몰라 고민스러워하던 때도 많았습니다.

그런데 제가 이 세상에 인간으로 태어나서

무엇을 구하는 기도를 하며 살아가야 하는지

가르쳐 주시니 감사합니다.

제 신앙의 근거가, 확신의 기반이,

저 개인의 명성이나 경건이나 체험이나

느낌에 있지 않게 도와 주옵소서.

영원하신 하나님의 약속에

제 모든 신앙의 초점을 맞출 수 있게 해 주옵소서.

제가 우울하거나 실패하거나 마음이 괴롭거나

기쁨이 없거나 뜨겁지 않더라도

늘 하나님의 약속을 믿고

하나님께 나아가게 해 주옵소서.

늘 아버지의 이름이 거룩히 여김을 받으시도록

기도할 수 있게 하시고, 그 나라를 구하게 하시고,

아버지의 뜻을 간절히 추구하게 하시고,

아버지께 일용할 양식을 구하게 하시고,

시험과 악에서 구원받기를 늘 기도하게 하옵소서.

그리고 그 가운데서 영원한 약속을 바라보게 해 주옵소서.

그 나라, 그 권세, 그 영광을 볼 수 있도록

제 눈을 열어 주옵소서.

예수 그리스도의 이름으로 기도합니다. 아멘.

주기도문 학교를 나서며 1

★ '주기도문 학교'를 통해 지금까지 배운 내용 중 무엇이 가장 유익했습니까?
  배운 것을 정리해 봅시다.

주기도문 학교를 나서며 1

★ '주기도문 학교'를 통해 지금까지 배운 내용 중 무엇이 가장 유익했습니까?
  배운 것을 정리해 봅시다.

주기도문 학교를 나서며 2

◆ 이제 '주기도문 학교'를 나서는 자신의 결단과 다짐을 담아
  하나님께 올려 드리는 '나의 기도'를 적어 봅시다.

주기도문 학교를 나서며 2

◆ 이제 '주기도문 학교'를 나서는 자신의 결단과 다짐을 담아
  하나님께 올려 드리는 '나의 기도'를 적어 봅시다.

열흘 동안 배우는 주기도문 학교

Ten Days School for the Lord'd Prayer

지은이 임영수
펴낸곳 주식회사 홍성사
펴낸이 정애주
국효숙 김의연 김준표 박혜란 송승호 오민택
오형탁 윤진숙 임영주 차길환 최선경 허은

1999. 8. 30. 초판 발행   2019. 8. 30. 15쇄 발행

등록번호 제1-499호 1977. 8. 1
주소 (04084) 서울시 마포구 양화진4길 3   전화 02) 333-5161   팩스 02) 333-5165
홈페이지 hongsungsa.com   이메일 hsbooks@hsbooks.com   페이스북 facebook.com/hongsungsa
양화진책방 02) 333-5163

• 잘못된 책은 바꿔 드립니다.   • 책값은 뒤표지에 있습니다.

ISBN 978-89-365-0173-0 (03230)